상위 1% 투자자들의 시크릿 임장노트

양종수

목차

◇◇◇◇◇◇◇◇

들어가며

어렸을 때부터 부모님의 잦은 직업 변경으로 인해 이사를 다녀야 했습니다. 고향은 남원이지만 포항, 광양, 순천, 부안, 서울 등 한 도시에서도 두세 번 집을 옮기며 전전했습니다. 이사할 때면 집을 고르는데 너무 많은 애로사항을 겪었습니다. 수도 나오지 않는 월세살이에선 햇볕이 들지 않아 계약 기간 동안 단 한번도 빛을 보지 못한 적도 있었고, 배수 상황을 체크하지 않아 여름 장마철엔 집이 물바다가 된 적도 있었습니다. 집을 구할 때마다 '이번엔 제대로 체크해서 좋은 집에서 살아 봐야지.' 하면서도 임장은 매번 어렵기만 했습니다. 새 아파트를 매매 했을 때도 뭐부터 체크할지 몰라서 매번 신경 쓰고 고치고 했던 기억이 있습니다.

제대로 집을 구하기 위해 학원에 다니며 부동산 공부를 했으나, 임장을 다니면 호재만 알려줄 뿐 실질적으로 일조량이 어떻게 되는지, 여성안심귀가길이 있는지 등 세부적인 정보는 얻기 힘들었습니다. 그러다 보니 혼자 임장을 다니게 된 지 어언 7년이 되었습니다. 임장을 처음 경험하면 무엇을 체크해야 하고 무엇을 기억해두면 좋을지를 많이 고민해왔고, 이를 한눈에 정리할 수 있는 시스템을 만들고 싶어 이 책을 집필하게 되었습니다.

챕터1. 내 집 마련하기

1장. 지금 당장 부동산 공부를 해야 하는 이유

1. 소비자물가상승률로 보는 부동산

 요즘 우리나라 10대들의 꿈은 조물주 위 건물주다. 그만큼 초등학생부터 나이 드신 분까지 전 연령을 통틀어 부동산을 싫어하는 사람은 없다. 요즘 주식, 비트코인도 많이 하는데 그렇게 투자해서 돈을 벌면 무얼 하고 싶냐고 물어봤을 때 70% 이상이 돈을 벌어서 내 집을 갖고 싶어 한다고 답했다.

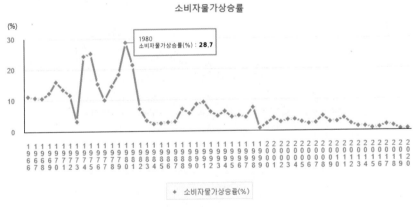

출처ㅣ통계청, 소비자물가조사 (자료 : 통계청, 소비자물가조사 각 연도)

 1970년대부터 지금까지 물가상승률을 보자. 제일 높았던 연도는 1980년으로, 28.7%이다. 하지만 현재 2020년 대한민국의 물가상승률은 0.5%이다. 저금리, 저출산, 저성장, 3저에 우리는 새로운 투자처를 물색해야 하는데 그중에서도 부동산만 한 게 없다.

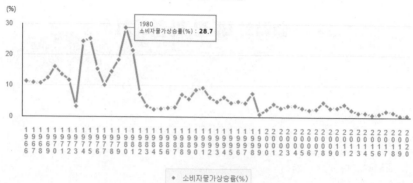

소비자물가상승률

1980
소비자물가상승률(%) : 28.7

◆ 소비자물가상승률(%)

출처 | 통계청, 소비자물가조사 (자료 : 통계청, 소비자물가조사 각 연도)

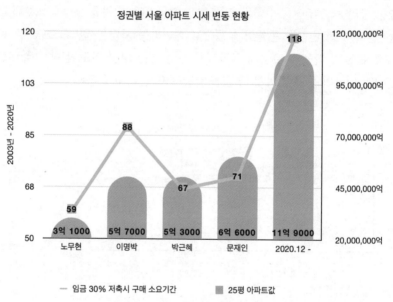

정권별 서울 아파트 시세 변동 현황

― 임금 30% 저축시 구매 소요기간   ■ 25평 아파트값

노동자 연 임금은 노무현 정권 초 1800만원, 이명박 정권 초 2200만원
박근혜 정권 초 2600만원, 문재인 정권 말 3400만원으로 가정

자료 출처 | 경제정의실천시민연합

  위에 그림을 보면 2003년부터 현재까지 물가상승률보다 아파트값 상승률이
더 높다. 그림에서 알 수 있듯이 부동산은 단 한 번도 뒤로 간 적이 없다. 그래
서 부동산을 재테크의 끝판왕이라고 하는 것이다. '우리나라 부자의 70% 이상
은 부동산 부자이다. 부동산을 모르면 자본주의 사회에서 살기 힘들다.' 우리나

라 땅은 한정적인데 대지의 비율은 전 국토의 3.1%밖에 되지 않는다. 3.1% 안에 5천만 인구가 다 살아야 한다는 말이다. 이는 자연스럽게 부동산 열풍으로 이어졌다. 10년 후, 20년 후에는 값이 더 올라가니 지금 사야 한다. 부동산 물가는 지난 10년간 한 번도 떨어진 적이 없다. 물가상승률보다 상승률이 더 높기도 하다. 2021년 6월 부동산 세금 정책의 변화로 조세부담이 커졌지만, 분명 위기 속에 기회는 있다.

2. 통화지표로 보는 부동산

또 여러 가지 이유가 있겠지만 통화지표의 하나로 M2를 보면 알 수 있다. M2는 시중에 풀린 현금 유동성을 나타내는 지표다. 광의통화는 즉시 사용이 쉬운 현금, 요구불예금, 수시입출식 저축성 예금을 포함하는 협의통화보다 넓은 개념으로, 협의통화에 머니마켓펀드(MMF), 2년 미만 정기 예·적금, 수익증권(펀드), 양도성예금증서 등 시장형 상품, 2년 미만 금융채, 2년 미만 금전신탁, 수시입출식 금융상품(CMA) 등이 추가로 포함된다.

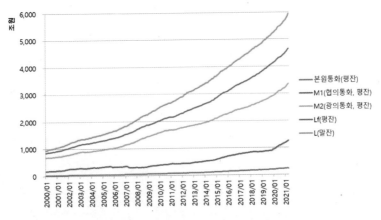

〈 한국은행자료(2000~2021.4) 통화지표 〉

코로나로 인해 M2량이 늘면서 화폐가치가 하락해 현물 즉 금, 은 여러 가지 있겠지만 부동산으로 돈이 몰리고 있다.

3. 최저임금과 부동산

또 다른 이유로 아시아 주요 국가의 최저임금이 올라가고 있다는 것이다. 우리나라 아파트를 짓는 데 쓰는 원자재 대부분, 약 80% 이상을 중국에서 수입한다. 중국의 최저임금 동향을 보자. 아래 표에서 보다시피 매년 최저임금이 인상하는 것을 볼 수 있다. 최저임금이 인상되면 원자잿값도 상승하게 되어 아파트값은 당연히 올라간다. 물론 정책적인 부분도 있는데 현재 서울에서 공급억제 정책(개인적인 의견)을 하고 있어서 수요와 공급으로 인해 공급이 적고 수요가 많아 부동산값은 더 올라갈 수밖에 없다고 본다.

□ **최근 최저임금 동향**
  ○ 중국의 최저임금 인상률은 여전히 높은 추세이나, 매년 하락하는 추세
   12.5규획(2011년 - 2015년) 기간 중에는 최저임금 인상률(조정지역 중 최고 최저임금 기준)이 13% 이상으로 높은 수준이었으나, '17년부터 인상률이 10%를 하회.

<표> 연도별 최저임금 인상률

(단위 : %)

구분	시행연도								
	2011	2012	2013	2014	2015	2016	2017	2018	2019
인상률 (%)	25.2	17.5	15.1	13.0	13.0	10.3	8.7	8.4	9.3

출처 | 최저임금위원회 [주요국가의 최저임금제도 (2020.6.)]

2장. 부동산 투자를 위한 마인드셋

1. 부동산, 부자들만 살 수 있을까?

부동산은 돈이 많아야만 살 수 있다는 인식이 있다. 하지만 비규제지역 청약 같은 경우는 적은 돈 (2,000~3,000만 원)으로도 충분히 가능하며, 지방에서도 비규제 지역은 대출이 70~80%까지 나와서 1억 이상의 돈이 필요하지 않다. 지방의 경우 인구감소로 인해 소멸 위기에 놓여있지만 산업단지, 무조건 가야 하는 대학교(의대, 한의대, 치대, 교대, 경찰대) 등의 부동산은 괜찮은 편이다. 또한, 앞으로 나라에서 추진하는 산업(특히 4차 산업혁명)도 눈여겨볼 만하다. 청주의 경우 방사광가속기로 인해 규제지역이 되었는데 이는 30만 인구를 끌어들일 수 있는 산업이다. 이런 특징을 잘 찾아보면 집을 구해서 충분히 수익을 낼 수 있다.

2. 내 집 마련 계획 세우기

청약? 구축 매매? 분양권 거래?

내가 집을 마련하는 목적이 중요하다. 일단 주거목적인지 투자목적인지 정해야 한다. 집 마련하는 게 주거목적이라고 생각할 수도 있지만 투자목적으로 해서 집을 사고팔거나 월세나 전세로 레버리지 할 수도 있다. 다음 집이나 평수가 더 큰 집을 위해서 말이다. 아니면 노후연금 같이 받을 수도 있다.

갭투자? 실거주?

갭투자는 시세차익을 목적으로 주택의 매매 가격과 전세금 간의 차액이 적은 집을 전세를 끼고 매입하는 투자 방식이다. 예를 들어 매매 가격이 5억 원인 주택의 전세금 시세가 4억 5,000만 원이라면 전세를 끼고 5,000만 원으로 집을 사는 방식이다.

전세 계약이 종료되면 전세금을 올리거나 매매 가격이 오른 만큼의 차익을 얻을 수 있어 저금리, 주택 경기 호황을 기반으로 2014년 무렵부터 2~3년 사이에 크게 유행하였다. 부동산 호황기에 집값이 상승하면 이익을 얻을 수 있지만 반대의 경우에는 깡통주택으로 전락해 집을 팔아도 세입자의 전세금을 돌려주지 못하거나 집 매매를 위한 대출금을 갚지 못할 수 있다. 그래서 집을 사는 목적이 중요하다.

아파트 가격 확인하기 (KB시세, 공시지가)

KB시세 | https://kbland.kr/map?xy=37.5205559,126.9265729,16

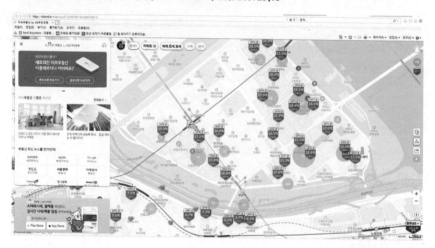

영끌 금액 파악

예금, 부모님 도움, 신용대출.

일하면서 모았던 돈이나 회사 다니면 직장인 대출, 부모님이 얼마나 도와주실 수 있나 알아야 한다. 한마디로 현금흐름이 얼마인지 파악하는 단계이다. 내가 전세를 살고 있으면 전세보증금 중에서 전세대출금액을 뺀 나머지 금액은 얼마인지도 알아야 한다.

공동명의 여부

부부일 경우 공동명의의 장단점을 알아보도록 하겠다.

▨ 장점 | 양도소득세, 종합부동산세 감면

공동명의를 선택하게 되면 양도소득세를 크게 줄일 수 있다. 양도소득세는 부부 각자의 양도차익에 대해 세금을 계산한 뒤, 양도차익이 클수록 높은 세율을 적용한다.

예를 들어 양도소득 금액이 1억 원인 경우, 단독 명의라면 35%의 세율을 적용받는 반면, 공동명의의 경우 24%의 세율을 적용받는다. 공동명의 취득으로 인한 양도소득세 최대 절세 금액은 약 4,000만 원이다. 주택을 장기 보유했거나 양도소득세 비과세 대상이라면 혜택이 크지 않다는 걸 꼭 참고해야 한다.

공동명의는 종합부동산세도 줄일 수 있다. 1주택자가 단독 명의로 등록한 경우 종합부동산세 과세 기준은 공시가격 기준 9억 원이다. 공동명의라면 명의자별로 6억 원까지 비과세이므로 총 12억 원까지 종합부동산세가 부과되지 않는다. 공동명의 주택을 보유해 임대사업자로 등록했다면 임대소득세도 줄일 수 있다.

임대소득세 역시 한 명씩 개별적으로 과세하기에 공동명의로 수입을 분산하면 상대적으로 낮은 세율을 적용받을 수 있다. 이 밖에도 상속세, 증여세 발생 시 누진세율을 피할 수 있다.

부부 공동명의가 유리한 사례

부부 공동명의로 주택을 구매하면 절세가 가능하고, 배우자의 동의 없이 집을 담보로 대출받거나 처분하는 일을 막을 수 있다. 주택 가격이 12억 원을 넘지 않고, 각자 4대 보험료를 내는 맞벌이 부부라면 공동명의가 유리하다.

12억 이상의 고액 부동산을 취득하는 경우 증여 과정에서 세금이 발생할 수 있고, 한쪽 배우자가 4대보험에 가입하지 않은 외벌이 가정이라면 보험료 부담이 크게 증가할 수 있으니 신중해야 한다.

▨ 단점 | 부부 공동명의가 불리한 사례

부부 공동명의로 부동산을 취득했을 때, 소득이 없는 배우자에게 증여세가 생길 수 있다. 전업주부로 오랜 기간 소득이 없는 상황에서 부동산 구매 자금 일부를 어떤 경로로 마련했는지 소명하지 못하면 수천만 원의 증여세 고지서를 받을 수도 있다.

15억 원인 집을 부부 공동명의로 취득했다면, 가정주부인 배우자에게 소득이 있는 배우자가 7억5천만 원을 증여한 것으로 보는 것이다. 부부 간 증여액의 비과세 한도는 10년에 6억 원까지다. 이를 초과하는 1억5천만 원에 대해선 세금을 내야 한다. 단독 명의로 집을 구매한 후, 도중에 공동명의로 전환할 예정이라면 특히 주의해야 한다.

부동산은 취득, 보유, 양도 단계마다 세금을 내야 하는데, 최초 취득 시점과 공동명의 전환 시점에서 각각 한 번씩, 두 번의 취득세가 발생한다. 만약 공동명의자의 소득이 적거나 신용이 좋지 않다면 담보대출 한도가 낮아질 수 있다.

세금 문제(종합부동산세, 양도세) 비교

세금이 점점 올라가고 있기에 세금도 신경 써야 한다.

2021년 부동산세금

주택 취득세율

* 개인 1주택자 기준

구분		취득세	농어촌 특별세	지방 교육세	합계세율
6억이하	85㎡ 이하	1%	비과세	0.1%	1.1%
	85㎡ 초과		0.20%		1.3%
6억~9억	85㎡ 이하	1~3%	비과세	0.2%	1.2~3.2%
	85㎡ 초과		0.20%		1.4~3.4%
9억초과	85㎡ 이하	3%	비과세	0.3%	3.3%
	85㎡ 초과		0.20%		3.5%

주택 재산세율

과세표준	재산세율	비고
6천만원 이하	0.1%	별장 4%
1억 5천만원 이하	6만원+6천만원 초과금액의 0.15%	
3억원 이하	19만5천원+1.5억원 초과금액의 0.25%	
3억원 초과	57만원+3억원 초과금액의 0.4%	

양도세율 인상

* 2021. 6. 1. 양도분부터 변경

단기보유 주택과 분양권 양도세율 및 다수택자의 조정대상지역 중과세율 인상

단기 양도세율	현 행		변 경	
	주택 및 입주권	분양권	주택 및 입주권	분양권
보유기간 1년미만	40%	조정대상지역 50% 기타지역 기본세율	70%	70%
2년미만	기본 세율	조정대상지역 50% 기타지역 기본세율	60%	60%
2년이상	기본 세율	조정대상지역 50% 기타지역 기본세율	기본 세율	60%

보유기간별 양도소득세 비과세 대상

1세대 1주택

취득요건	양도조건
비조정대상지역 취득	2년 이상 보유
2017년 8월 2일 이전 조정대상지역 취득	2년 이상 보유
2017년 8월 2일 이전 조정대상지역 취득	2년 이상 보유 + 거주

일시적 2주택

종전주택	신규주택	양도조건
비조정대상지역	비조정대상지역	3년 이내에 종전주택 양도
비조정대상지역	조정대상지역	3년 이내에 종전주택 양도
조정대상지역	비조정대상지역	3년 이내에 종전주택 양도
조정대상지역	조정대상지역 (2018년 6월 13일 이전 취득)	3년 이내에 종전주택 양도
조정대상지역	조정대상지역 (2019년 12월 16일 이전 취득)	2년 이내에 종전주택 양도
조정대상지역	조정대상지역 (2019년 12월 17일 이전 취득)	1년 이내에 종전주택 양도

일시적 2주택 인정 요건

일시적 2주택 양도세 비과세를 인정받기 위한 기존주택 처분기한 및 신규주택 전입기한(대책발표 전 매매계약을 체결하고 계약금을 지불한 경우 종전규정 적용)

신규주택 취득일 (관련 정부 정책)		˙18.09.13 이전	˙18.09.14 ~ ˙19.12.16 (9.13대	˙19.12.14 이후 (12.16대책)	˙20.07.01 이후 (6.17 대책)
2채 모두 조정대상지역	기존주택 처분기한	3년	2년	1년	(조정대상지역) 주담대받는경우 6개월
	신규주택 전입기한	–	–	1년	(조정대상지역) 주담대받는경우 6개월
1채 또는 2채 모두 비조정지역	기존주택 처분기한	3년	3년	3년	(조정대상지역) 주담대받는경우 6개월
	신규주택 전입기한	–	–		(조정대상지역) 주담대받는경우 6개월

다주택 중과세율

(2020.7.22. 세법개정안)

취득세율 인상		
구분	조정대상지역	비조정대상지역
1주택	1~3%	1~3%
2주택	8%	1~3%
3주택	12%	8%
법인/4주택	12%	12%

종부세율 인상
3주택 이상,조정 2주택 : 0.6~3.2 -> 1.2~6.0%

양도소득세율 인상		
2021.6.1. 이후 양도분부터 적용		
규제지역 다주택자	현행	변경
조정대상지역2주택자	기본세율+10%P	기본세율+20%P
조정대상지역3주택 이상	기본세율+20%P	기본세율+30%P

개정된 장기보유 특별공제 요건

실거주 2년 시 최대 80% 공제에서
2021년부터 보유와 거주기간을 각각 따져 공제

보유기간	3~4	4~5	5~6	6~7	7~8	8~9	9~10	10이상
1주택(%)								
합계	24	32	40	48	56	64	72	80
보유	12	16	20	24	28	32	36	40
거주	12	16	20	24	28	32	36	40
다주택(%)								
합계	6	8	10	12	14	16	18	20~30

**비조정대상지역다주택자는 15년 보유시 최대 30% 공제

▧ TIP
보유기간, 다주택자 관련 등 위와 같은 세금과 관련된 사항들을 잘 확인하고 준비해야 할 필요가 있다. 특히 세금 전용 통장을 만드는 것을 추천한다.

상속세 증여세 세율

과제표준	세율	누진공제
1억원 이하	10%	-
1억원 초과 ~ 5억원 이하	20%	1,000만원
5억원 초과 ~ 10억원 이하	30%	6,000만원
10억원 초과 ~ 30억원 이하	40%	1억 6천만원
30억원 초과	50%	4억 6천만원

증여세 기본 공제		
관계	공제액	비고
배우자	6억 원	수증자가 비거주인 경우는 공제불가능
직계비속	5천만 원	
직계비속(미성년자)	2천만 원	
직계존속	5천만 원	
기타 친족간 증여	1천만 원	

* 증여일이 속하는 달의 말일부터 3개월 이내 납부

상속세 기본 공제	
기초공제	2억원
배우자 공제	최소 5억원, 최대 30억원 한도
자녀 공제	1인당 5,000만원
미성년자 공제	1,000만원 (만 19세 도달 연수)
연로자 공제	1인당 5,000만원
장애자 공제	1,000만원 (기대여명 연수)
일괄 공제	5억원 (배우자 공제 별도)

*상속개시일 속하는 달의 말일부터 6개월 이내 납부

3. 자금 마련 계획 세우기

집에 필요한 자금을 마련하기 위한 계획 세우기이다. 아주 중요한 단계이고 현실적인 단계라고 볼 수 있다. 주의점은 자신의 현금흐름에 맞게 해야 하는데 무리한 대출이나 영끌은 나중에 금리가 올랐을 시 대출이자에 대한 대비가 필요하다. 집에 대한 가격뿐만 아니라 취등록세 기타 공과금 세금 부분도 신경 써야 한다.

대출 가능 여부, 한도 금리 조건 확인도 중요한 사항이다. 부동산거래용 계좌도 만들어야 하고 계약금, 중도금, 잔금 이체 한도도 점검해야 한다. 주말에 잔금 2억을 처리해야 하는데 이체 한도가 1억이라면 계약에 차질이 생길 수도 있다.

■ 부동산 거래신고 등에 관한 법률 시행규칙 [별지 제1호의3서식] <개정 2020. 10. 27.>

부동산거래관리시스템(rtms.molit.go.kr)에서도 신청할 수 있습니다.

주택취득자금 조달 및 입주계획서

※ 색상이 어두운 난은 신청인이 적지 않으며, [ ]에는 해당되는 곳에 √표시를 합니다. (앞쪽)

접수번호	접수일시	처리기간

제출인 (매수인)	성명(법인명) 홍길동(계약자명)	주민등록번호(법인·외국인등록번호) 000000-0000000
	주소(법인소재지) 계약등본상 주소 기재(도로명 주소)	(휴대)전화번호 010-0000-0000

① 자금 조달계획	자기 자금	② 금융기관 예금액 　　본인명의의 금융기관 예금액　　원		③ 주식·채권 매각대금 　　본인명의의 주식,채권 매각대금 원	
		④ 증여·상속 　가족 등 증여.상속 받아 조달하는자금 원		⑤ 현금 등 그 밖의 자금 보유현금 또는 펀드/보험 금융상품 해지금원	
		[ ] 부부 [ ] 직계존비속(관계:　　) [ ] 그 밖의 관계 (④번에 해당사항 체크 및 괄호안 내용기재)		[ ] 보유 현금 ⑤번 해당사항 체크 및 괄호안 내용 기재 [ ] 그 밖의 자산(종류:　　　)	
		⑥ 부동산 처분대금 등 타 부동산 매도 금액.기존보증(전세)금 회수,종전부동산 권리가액 등 자금원		⑦ 소계 ②+③+④+⑤+⑥ 자기자금 합계　　원	
	차입금 등	⑧ 금융기관 대출액 합계	주택담보대출	작성 생략　　　　원	
			신용대출	마이너스 통장 등 신용대출 자금원	
		우측 대출금액 합계 원	그 밖의 대출	금회 당첨된 등.호수 분양가의 40%기재 원 (대출 종류: 중도금 집단 대출　　)	
		기존 주택 보유 여부 (주택담보대출이 있는 경우만 기재) [ ] 미보유　　[ ] 보유 (　　건)		※금회 취득하는 주택을 제외한 그 외 주택담보 대출이 있는 경우(분양권, 입주권 등 권리 상태의 주택 포함 및 부부공동명의 경우 지분보유 여부 에도 각 건별로 산정하여 기재	
		⑨ 임대보증금 금회 취득하려는 주택의 임대 계약상의 임대보증금을 취득 자금으로 사용시 금액 　　　　　　　　　원		⑩ 회사지원금·사채 대부업법에 따라 등록된 대부업체 및 회사 등의 주택자금 대여금 등 　　　　　　　원	
		⑪ 그 밖의 차입금 제 3자등 그밖의 방법으로 대여하는 자금 원		⑫ 소계 ⑧+⑨+⑩+⑪ 차입금 등 합계　　원	
		[ ] 부부 [ ] 직계존비속(관계:　　) [ ] 그 밖의 관계(⑩번 해당사항 체크 및 괄호안 내용기재)			
	⑬ 합계	⑦+⑫합계(공급금액+발코니 확장+옵션금액)과 동일하여야함　　　원			

⑭ 조달자금 지급방식	총 거래금액	⑬과 동일 금액　　　원
	⑮ 계좌이체 금액	⑬과 동일 금액　　　원
	⑯ 보증금·대출 승계 금액	작성생략　　　원
	⑰ 현금 및 그 밖의 지급방식 금액	작성생략　　　원
	지급 사유 (　　　작성생략　　　)	

⑱ 입주 계획	[ ] 본인입주 [ ] 본인 외 가족입주 (입주 예정 시기:　　년 월)	[ ] 임대 ★◉작성시 (전·월세) 체크	[ ] 그 밖의 경우 (재건축 등) 작성생략

「부동산 거래신고 등에 관한 법률 시행령」 별표 1 제2호나목, 같은 표 제3호가목 전단, 같은 호 나목 및 같은 법 시행규칙 제2조제6항부터 제9항까지의 규정에 따라 위와 같이 주택취득자금 조달 및 입주계획서를 제출합니다.

날짜 작성 생략　년　　월　　일

제출인　　　홍길동(계약자명) (서명 또는 인)

4. 법무사 견적 OR 셀프 등기 준비

부동산 매매 후에 소유권 이전 등기를 할 때 법무사를 끼지 않고 직접 하는 방법이 있다. 바로 '셀프 등기'이다. 결론적으로는 일부 시행착오는 있었지만 누구나 마음만 먹으면 충분히 할 수 있다. 다만, 잔금 당일에서 최소 반나절, 혹은 하루 정도 휴가를 쓰거나 시간을 비워 놓는 것이 좋을 듯하다.

일단 필요한 서류는 다음과 같다.
많아 보이지만 하나씩 처리하면 큰 문제 없다.

미리 챙길 수 있는 서류부터 정리해보자.

① 소유권 이전 등기 신청서 - 대법원 인터넷등기소 이폼에서 작성
② 등기신청 수수료 영수증 - 미리 대법원에서 납부 가능
③ 취득세 납부 확인서 - 잔금 당일 아침 7부터 인터넷으로 납부 가능. 미리 납부하려면 구청 방문해야 함
④ 매수인 주민등록등본 - 계약서 주소와 현재 주소가 다르면 원초본으로 준비해야 함
⑤ 집합건축물대장(전유부, 갑) - 민원24에서 출력 가능
⑥ 토지대장(대지권등록부) - 민원24에서 출력 가능
⑦ 가족관계 증명서 - 가족이 대신 셀프 등기할 때만 필요한 서류

다음으로 잔금 당일 부동산 가서 챙겨야 하는 서류다.

① 매도인 주민등록 초본 - 발행일 3개월 이내인지 확인
② 매도인 인감증명서
③ 위임장 - 매도인 인감도장 찍기
④ 등기필증 - 등기필증 분실한 경우 셀프 등기는 매도자가 직접 등기소 방문해야 함. (법무사 끼고 하면 확인 서면으로 가능)
⑤ 매매 계약서 원본 및 사본
⑥ 전세 낀 물건이면 전세 계약서 원본 수령
⑦ 실거래 신고 필증 수령(원본 및 사본 2부) - 부동산에서 잔금 당일에 주지만 미리 출력 가능 (http://rtms.molit.go.kr)

⑧ 등기부 등본 당일자 확인 - 근저당 있으면 말소 확인. 매도인 측 법무사에게 말소 접수한 서류로 확인 가능하고 혹은 매도인과 은행 동행해야 한다. 상환 영수증 받으면 된다.

이 외에 전자수입인지 구매와 국민 채권 매입을 미리 준비해야 한다. 국민 채권 매입은 우리, 국민, 신한, 기업, 농협에서 가능하다.

주택 공시 가격은 취득세 청구서에 나온다. 소유권 이전 등기 신청서 작성하는 방법은 인터넷 검색해보면 쉽게 찾아볼 수 있다. 이렇게 이틀 정도 준비해서 셀프 등기를 할 수 있으면 안 할 이유가 진짜 없다. 보통 법무사 비용이 40~50만 원 정도 드는데 아낄 수 있다.

3장. 부린이를 위한 부동산 공부법

　부동산을 알기 위해선 각종 수단을 동반한 공부가 필수이다. 부동산 공부를 하루 한 시간씩 1개월 하면 사는 동네에 빠삭해지고 3개월 하면 청약제도 및 정비사업 기초를 이해하게 된다. 6개월이면 안 들어본 지역이 없어지고 그 이후엔 저평가되어 있어서 오르기 직전인 지역이나 아파트를 찾아다니게 된다. 이러한 사이클을 반복하다 보면 정책이 나올 시 시장이 어떻게 흘러갈지 인사이트가 생긴다. 부동산 공부를 위해 알아두면 좋은 사이트 및 정보를 정리해보았다.

1. 네이버 카페

부동산 스터디

서울&전국구 부동산 카페 Top. 팬덤을 갖은 네임드 회원들이 다수 보유.
많은 정보와 글 보유.

아름다운 내 집 갖기

수도권 위주의 카페. 그 밖의 지역은 구/시별로 별도 게시판 운영.
각 게시판에 보면 해당 지역별 이슈와 호재 등을 확인 가능.

2. 독서

추천 도서

브라운스톤(우석) | 부의 인문학
두고두고 읽기 좋음.
투자에 있어서 〈수학의 정석〉과 같은 책.

다양하고 좋은 책들은 많다. 부동산 스터디 카페에서 활동하는 분들이 종종 책을 내곤 한다. 본인이 평소에 팔로우하는 이가 책을 냈다면 찾아 읽자.

보통 서적은 '투자의 마인드나' '경제의 기초'에 대해 깊게 다루는 경우가 많다. 마인드를 잡는 데 도움이 된다.

3. 단톡방

오픈 채팅방 & 블로그 연계 단체 채팅방 등등

- 수많은 카카오톡 오픈&단체 방이 존재
- 단지/지역 등 물리적 구역별 단톡
- 재개발/재건축/청약 등 방법적인 것을 공부하는 스터디톡
- 신혼특공을 공부하는 '신혼특공' 톡
- 안양 지역이 궁금하다면
  Ex) "안양"으로 검색 > 회원수가 많은 단톡 > 참여

- **장점**
  ① 실시간 정보 교류 ② 지역별 분양예정단지 정보 얻기
  ③ 세금 도움 ④ 조문 해석 도움 등등

- **단점**
  ① 배터리 순삭 ② 광고가 너무 많음

4. 온라인(Application) 임장

직접 정보를 얻는 온라인 임장

- 필수적인 정보를 얻는 중요한 능력

- **Application**
  아파트실거래가 / 직방 / 다방 / 부동산 용어 / 네이버 부동산
  호갱노노 / 생활백서 / 조인스랜드부동산
  m10in10 / 인터넷등기소 / 씨:리얼 / 더원법률경매
  지지옥션 / 모델하우스다나와 / 밸류맵 / 땅야
  한국감정원부동산정보 / 경매 부동산 용어사전
  부동산114 / 코리아닥스 / 청약Home 등등

- 궁금한 아파트의 입지와 정보, 가격등을 직접 확인 가능

- **보통** 궁금한 지역을 묻고 > 호재와 대장등 대략적인 그림을 파악
  > 디테일하게 보고싶은 단지는 지도맵으로 로드뷰, 항공뷰
  > 지적편집도등을 확인 및 현 시세, 과거 시세 확인
  > 청약일정 등을 확인

TIP. 부동산 정보 사이트

- 국토교통부
  http://www.molit.go.kr/portal.do

- 리츠정보시스템
  http://reits.molit.go.kr/main/main/openMain.do

- 한국주택금융공사
  https://www.hf.go.kr/hf/index.do

- 한국주택협회
  http://www.housing.or.kr/mbshome/mbs/home/index.do

- 청약홈
  https://www.applyhome.co.kr/co/coa/selectMainView.do

- 닥터아파트
  http://www.drapt.com/index/
  `#분양예정물량`

- 분양알리미
  https://www.bunyangi.com/

- REB 한국부동산원 청약Home
  https://www.applyhome.co.kr/co/coa/selectMainView.do
  `#미계약분에당첨방법` `#무순위청약신청`

- 닥터아파트
  http://www.drapt.com/e_sale/
  `#분양캘린더`

- KOSIS 국가통계포털
  https://kosis.kr/index/index.do
  `#미분양확인하는방법` `#국토교통부` `#통계누리` `#e-나라지표` `#주택미분양현황`

- 라온
  https://www.r-one.co.kr/rone/resis/common/main/main.do
  `#부동산통계정보R-ONE`

- 법무통
  https://www.bmtong.co.kr/web/index.jsp

- 세무통
  https://www.semutong.com/

- 한국감정원
  http://www.kab.re.kr/

- 부동산114
  https://www.r114.com/

- 네이버부동산
  https://land.naver.com/

- 호갱노노
  https://hogangnono.com/

- 직방
  https://www.zigbang.com/

- 땅짚고
  http://ddangzipgo.net/

- 탱크옥션
  https://blog.naver.com/tankauction0909

- 스타트업지도
  https://www.koreastartup.co.kr/

- 부동산계산기
  https://ezb.co.kr/calculator/taxes/real-estate

TIP. 국토교통부 사이트 활용법

부동산공부할 때 꼭 알아야 할것들

#국토종합계획

#도종합계획(수도권정비계획)

#시군종합계획

#지역계획(수도권발전계획,특정지역개발계획,개발촉진지구개발계획)

#부분별계획(전국항망계획,전국공항계획,지하수관리기본계획)

#도시관리계획

챕터2. 부동산 실전

1장. 임장이란 무엇인가

요즘 사람들의 관심사 1순위는 뭐니 뭐니 해도 내 집 마련, 바로 부동산이다. 부동산을 알아볼 때 '임장을 간다'고 하는데 임장이란 무엇을 뜻할까? 임장이란 "현장에 임한다"의 줄임말로 부동산 거래를 위해 해당 지역에 직접 방문하여 이것저것 탐색하는 행위를 의미한다. 부동산과 관련된 부분은 수익과 손해로 이어질 수 있으므로 철저하게 잘 알아보고 선택해야 한다. 말로 듣는 것보다는 현장에 실제로 가서 내 눈으로 직접 보고 확인하는 게 좋다. 보통은 날을 잡고 반나절 정도 해당 지역, 학군, 분위기, 상권, 교통편, 생활 인프라 등을 조사한다. 부동산 동호회나 부동산카페에서 공부 목적으로 3~4명 많게는 7~8명 모여서 임장모임을 갖기도 하는데 혼자 하는 경우도 많다.

낮에 임장을 가보고 괜찮아서 아파트를 샀는데 밤에 빛공해로 피해를 볼 수도 있다. 빛공해란 지나친 인공조명으로 인한 공해인데 인공조명이 너무 밝거나 지나치게 많아 야간에도 낮처럼 밝은 상태가 유지되는 현상을 말한다. 이런 것 때문에 밤에도 임장 가야 할 필요가 있다.

심지어 밤에는 괜찮은데 낮에 빛공해가 발생하는 경우도 있다. 부산에서의 실제 사례. 부산 해운대에 위치한 아이파크인데 아이파크 전체가 다 유리로 되어있다 보니 햇빛이 비춰서 인근 아파트들은 낮에 안 그래도 밝은데 더 밝아 손해배상을 진행했다고 한다. 이래서 임장이 중요하다는 것이다.

또 봄에는 괜찮았는데 여름에 홍수만 오면 물에 잠기는 곳도 있다. 그리고 토지 같은 경우는 토지가 싸서 매매를 했는데 맹지일 수도 있다. 맹지는 도로가 연결이 안 된 땅을 말한다. 한마디로 땅을 샀는데 땅으로 갈 수가 없는 것이다.

유치권을 확인 안 하고 상가를 산다거나 선순위 임차인이 있는지도 모르고 오피스텔을 매매하는 경우도 있다. 유치권을 확인 안 하면 매매 후 법적인 소송에 휘말리거나 내 계획에 차질이 생길 수도 있다. 예를 들어 나는 매매해서 바로 매도하고 차익금을 받으려고 했는데 그게 안 될 수도 있다는 얘기다.

때에 따라 선순위 임차인이 있는지 모르면 이것도 물론 법적인 소송에 휘말리고 선순위 임차인에게 돈을 줘야 일 처리가 가능하거나 명도함에 있어서 수임료나 이런 부수비용이 발생한다. 그래서 임장이 무엇보다도 중요하다.

눈에 한 번에 보이지 않는 부분 중에서는 많은 분이 수도관이나 건물 내부에 있는 시설들을 간과하는 경우도 있다. 특히, 지어진 지 오래 지난 낡은 건물의 경우에는 이런 것도 꼭 확인을 해야 하며 건물 가치를 매길 때 영향이 갈만한 부분들을 부동산 임장을 통해 직접 체크하고 결정하는 게 현명한 행동이다.

길을 걷다 보면 쉽게 발견할 수 있는 맥도날드. 혹시 맥도날드가 단순 햄버거를 파는 프랜차이즈로만 보이는가? 부동산 공부를 해보면 알 테지만 맥도날드는 부동산 기업이나 다름없다. 맥도날드는 햄버거를 파는 것보다 땅을 매입하고 건물을 짓고 부동산으로 돈 버는 게 훨씬 커졌다. 누군가는 햄버거를 사 먹으러 가지만 누군가는 '여기에다가 땅을 매입해서 건물을 짓는구나'라고 생각을 할 것이다. 보는 시야에 따라 달라진다. 당장은 아니어도 언제나 집을 살 거다. 지금은 돈이 없어도 꾸준히 부동산 공부를 하고 싶다면 시간 날 때 틈틈이 임장을 하면 더 좋을 것이다.

2장. 사전 점검

먼저, 부동산 임장을 하기 전에 자료를 조사해 두는 것이 좋다. 직접 보는 것도 중요하긴 하지만, 검색으로 먼저 알아보는 게 좋다. 발품 전에 손품!! 손품으로 쓰는 어플에는 네이버부동산, 호갱노노, 아파트실거래가, 직방, 다방, 땅야, 한국부동산원, 부동산114, 밸류맵 이런 것이 있다.

1. 어플 활용

어플리케이션 상세 정보
1 부동산 법원경매 → 부동산법원경매 : 전국의 모든 대법원경매물건 일정을 검색하고 열람
Liiv ON → KB부동산 : 매물, 시세, 분양, 부동산 뉴스, 집 계약, 양도세, 취득세, 증여세, 금융상담 등 필수 부동산 정보를 정확하고 편리하게 제공
N → 네이버부동산 : 매매 및 임대 물건정보, 아파트 부동산 시세, 분양정보, 부동산 뉴스 제공
→ 부동산지인 : → 투자자들이 지역을 분석하는 방법과 아파트를 선택하는 방법이 담겨있는 부동산지인을 활용해서 향후 시장의 가격을 예측
→ 호갱노노 : 10년간 실거래가, 시세, 리뷰, 전국 학군 정보, 출퇴근지 기반 검색, 아파트 특징
→ 직방 : 아파트 실거래가부터 원룸/오피스텔/빌라에 대한 모든 정보
다방 → 다방 : 지도에서 원하는 지역을 선택하면 원룸부터 오피스텔까지 전월세 평균가를 확인
땅야 → 땅야 : 국토교통부 토지실거래가 정보를 기반으로 실시간 토지 및 땅 실거래가는 물론, 기간별 실거래가 종회, 위치별 토지 실거래가 조회 및 현재 등록된 토지 매매 정보를 조회
한국감정원 → 한국감정원부동산정보 : 부동산 가격 조회, 시장 동향 조회, 거래 정보 조회, 한국감정원이 보유한 부동산 데이터를 손쉽게 조회
→ 아파트실거래가 : 아파트 실거래가, 분양정보, 매매/전세/월세 매물, 입주물량, 미분양, 학군 등 부동산빅데이터
부동산 용어사전 → 부동산용어사전에 관한 정보 제공
인터넷등기소 → 인터넷등기소 : 대법원 인터넷등기소 홈페이지에서 제공하고 있는 주요 서비스 제공 부동산 등기열람, 법인 등기열람, 등기신청사건처리현황 등 등 다양하게 확인 가능.
SEE: REAL → 씨리얼 : 부동산에 대한 토지와 건물의 정보 확인에서부터 부동산 관련한 정책과 생활에 대한 씨:리얼 가이드를 제공
지지옥션 → 지지옥션 : 법원경매, 캠코공매, 사이버강좌 등의 정보와 경매결과, 공지사항 등의 알림 기능제공 경매물건의 진행 상태와 실시간으로 중계되는 개찰 결과를 알림기능을 통해 확인 가능
밸류맵 → 밸류맵 : 전국 토지, 단독다가구, 빌딩, 공장, 상가의 실거래가의 정확한 위치정보를 제공
국가법령정보 → 국가법령정보 : 법제처에서 법령, 판례 등 우리나라의 모든 법령정보를 스마트폰에서 통합 검색
→ 코리아닥스 : 전국 53개 정책기관의 국토종합계획과 매일 새로운 도시별 개발계획, 도로교통 확장 계획 제공

2. 토지 계획 파악

 사전에 자료 조사와 수집을 해두고 모아둔 정보들을 인지한 상태에서 방문하는 것이 더 효율적이다. 국토교통부 홈페이지를 접속해보시면 여러 가지 계획안을 확인할 수 있다. 예를 들어 국토종합계획, 도종합계획, 시군종합계획, 지역계획 특정 지역개발계획이나 개발촉진지구개발계획, 부분별계획, 전국항만계획, 전국공항계획, 지하수관리기본계획 등 여러 가지를 알 수 있다.

 그 지역에 개발 호재나 악재 등 개발 안내나 그 주변으로 다른 변화가 생기지는 않았는지도 구체적으로 알 수 있다. 또 건축물대장, 토지이용계획도 등도 확인하고 가면 좋다. 그리고 네이버 지도나 다음 지도에 로드뷰나 항공뷰 지적편집도 등 요즘은 손품이 거의 80% 이상을 차지한다고 해도 과언이 아니다.

첫째. 지번 확인하기

네이버 지도를 통해 간단히 주변 정보 확인
https://map.naver.com/?cadastral=on

둘째. 기본정보 파악하기

토지이용 규제정보서비스
용도지역 / 용도지구 / 건폐율 / 용적률 / 대지면적 등 토지에 대한 전반적인
정보를 파악할 수 있다.
http://luris.molit.go.kr

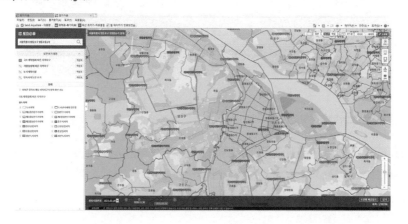

셋째. 주변 현황 파악

네이버 / 다음 로드뷰(과거 현재 비교)

로드뷰로 주변 환경도 볼 수 있고 촬영된 일자를 변경하면서 현재 땅의 과거 모습부터 변천사를 알 수 있다.

http://map.naver.com/
http://map.kakao.com/

넷째. 건출물대장 확인

일사편리 | 현재 지어진 건물에 대한 전반적인 내용을 파악할 수 있다.

http://kras.seoul.go.kr/land_info/info/baseInfo/baseInfo.do

3. 임장 전 중개소 사전 조사

  임장 지역을 정하면 단지 주변의 부동산 중개소의 영업 연수를 조사한다. 특히 단지 내 상가에 영업하고 있는 부동산 중개소라면 더욱 그렇다. 해당 사업장 또는 지역의 영업을 오래 한 중개소일수록 단지와 주변 사정을 정확히 알고 있을 가능성이 높다. 특히 상가 단지에 목이 좋지 않음에도 영업 기간이 오래된 중개소는 영업력이 좋은 중개소라고 볼 수 있다. 영업 연수는 국가 공간정보 포털 http://www.nsdi.go.kr 에 들어가서 부동산중개업조회로 가서 검색조건에 맞게 검색하면 해당 중개소의 등록 연수를 확인할 수 있다.

4. 보유 건물 수와 거래 건수

  종합 포털의 부동산 페이지 또는 지역의 부동산 포털사이트에 가서 해당 중개소가 올린 보유 물건과 거래 건수를 확인한다. 예를 들어 네이버 부동산에 가서 해당 부동산 중개소를 클릭하면 간단한 프로필과 함께 보유물건과 그중에 거래 완료 물건을 확인할 수 있다. 물건이 많으면 좋은 물건을 소개받을 수 있다고 생각할 수 있지만 경험상 그런 경우는 많지 않았다.

3장. 현장 점검

✓ 직접 방문 (인터넷으로는 느끼기 힘든 실제의 공기와 느낌을 체크하는 것)
✓ 인터넷으로 찾아본 대장 아파트, 이상하게 저렴한 아파트 직접 방문
✓ 부동산 방문 → 이것저것 궁금한 사항 질문
✓ 재개발·재건축 지역 조합사무실도 방문
✓ 대중교통을 이용해 접근성 체크
✓ 차 가지고 방문하여 주차도 용이한지 체크
✓ 주변 상권에서 밥도 먹어보고 마트를 가보는 등 편의시설에서 물건을 사보기
✓ 학생들 등하굣길도 살펴보고 주민들이 어떻게 하고 다니는지도 보기
✓ 현장에서는 온라인에 없는 정보를 얻을 수 있고, 절대 쉽게 잊히지 않는다.
✓ 잘 모르겠다면 단순하게 지금 살고 있는 집 앞 부동산을 가보기

만약, 사장님이 다른 손님과 이야기로 바쁘시면 그 내용을 들어보다, 사장님이 한가해지시면 다음과 같이 질문을 던져보는 것은 어떨까?

✓ 이 아파트는 어떤가? 옆 아파트와 비교하면 어떤가?
✓ 좋다면 왜 좋은가? 단점이 무엇인가?
✓ 전세는 얼마고? 세금은 얼마 내는가?
✓ 모르는 용어가 나오면 용어도 질문

잘 모를수록 더 공손하게
"제가 내 집 마련을 해보고 싶은데 잘 모릅니다. 한 수 가르쳐 주십시오."
퇴근하고 거의 매일 부동산에 가길 추천한다.

사전에 반드시 자료를 수집하고 현장으로 가야 한다. 임장 갈 때는 부동산 임장 노트&3색 펜 이렇게만 챙겨가면 된다. 카메라를 챙겨도 되는데 요즘은 핸

드폰에 카메라가 잘 되어있어서 폰으로 촬영하고 네이버 메모장이나 구글 메모장이나 저장해도 좋다.

교통이 좋고 편의시설이 많으며 인구 유동이 활발하고 개발 호재에 대한 소식이 있다면 당연히 그 지역이나 동네는 부동산의 가치가 상승할 확률이 높을 수 있다. 그래서 부동산 임장을 통해 이런 부분을 놓치지 않고 체크를 한 다음에 신중하게 생각을 해서 결정해야 한다.

교통이나 편의시설, 개발 호재 같은 경우에는 변동이 크게 일어나지 않는 부분이기도 하고 언제 가든 확인할 수 있는 부분이지만 아무래도 인구의 유동성은 평일, 주말, 시간대에 따라 달라지므로 언제 방문하면 좋을지도 중요하다.

TIP. 매수할 때 부동산과 매도할 때 부동산을 달리합니다.

보통 사람들은 그 지역에 오래 있기 때문에 한곳의 부동산하고만 거래를 하는데 나 같은 경우 전국을 대상으로 투자를 하므로 매수할 때 부동산과 매도할 때 부동산을 달리한다. 매수하기 좋은 부동산과 매도하기 좋은 부동산의 능력은 제각기 다르기 때문이다.

매수할 때는 무조건 많은 매물을 저가로 많이 가지고 있는 부동산이 좋은 곳이다. 그러므로 저가의 많은 매물을 가진 곳에 통화로 관련 내용을 물어보고 큰 문제가 없다면 이 부동산하고만 브리핑을 받고 진행을 한다. 매수를 할 때는 한곳의 부동산하고만 진행하는 데 여러 곳에서 진행을 하면 여러 부동산에서 전화가 와서 매도인에게 연락이 오면 여러 매수자가 있는 줄 알고 팔 사람도 매물을 걷어 버리거나 매도가를 올려 버리는 경우가 많다. 이런 혼선을 줄이기 위해서 한 곳 하고만 조용히 진행한다.

반대로 매도를 할 때는 고가의 매물을 적게 가지면서 제대로 잘 팔 수 있는 곳에 매물을 내고 또 한 곳만 내는 것이 아니라 여러 부동산에 낸다.

부록. 임장노트

호재 및 악재

관심지역부터 양도세까지 기본적인 걸 알아봤다면 이제는 그 지역의 호재 및 악재를 적어본다. 예를 들어 호재에 GTX가 들어선다든지 아님 SRT가 들어선다든지 아님 방사광가속기가 들어선다든지 이런 호재가 있을 수 있고 악재에 핵폐기장이 들어선다든지 전신탑이 있다든지 이런 게 있을 수 있다.

memo

대출 관련된 거 쓸 수도 있고 각종 좀 더 필요한 것들을 적을 수 있다. 예를 들어 아랫집에 고3 학생이 산다든지 그래서 조용히 해야 한다든지 이런 특이사항을 적을 수 있다. 아니면 갓난아기가 윗집에 있다든지, 윗집에 5~6살 남자아이가 산다든지, 이런 사소한 것도 메모할 수 있다.

임장노트

날짜 | 2040년 00월 00일 　　　 거래 | ☑ 매매 ☐ 전세 ☐ 월세

관심지역	서울
물건명	서울아파트 1동 101호
준공년월	00.01.01
평수	30평

실거래가	100억
매매가	95억
전세가	70억
보증금·월세	10억 / 2000

관리비	70만원
취득세	1.1%(1억 450만)
중개수수료	0.11%(1045만)
양도세	X

호가	120억
입주가능일	21.01.01
방·욕실수	4개 / 2개
현관구조	계단식
최저·최고층	B2 / 60
주차대수	2대
배정학교	서울초
방향	남향

지역 호재 및 악재

호재·장점

1. 지하로 전철역이 이어져 있어서 초역세권이고 주변 인프라와 일자리가 풍부해서 많은 사람들이 원하는 지역의 대장 아파트이다.

2. 교육이 우수한 초, 중, 고를 품고 있는 아파트이다.

3. 헬스장, 수영장, 골프장, 독서실 등 여러 개의 커뮤니티 시설이 장점이다.

악재·단점

1. 신규 아파트 공급의 대한 택지조정이 형성되어있다.

2. 재건축을 진행할 아파트들이 많아서 앞으로의 공급이 많아질 수 있다.

MEMO

1. 대출이 50%까지 가능하고 대출이자는 3% 정도이다.

2. 신축아파트라서 수리비가 들지 않는다.

3. 법무사 비용 30만원 정도 예상

4. 투자자들보다 실거주자들이 많은 지역이다.

임장노트

날짜 |　　년　　월　　일　　　　　거래 | □ 매매 □ 전세 □ 월세

관심지역 _____　　실거래가 _____　　관리비 _____

물건명 _____　　매매가 _____　　취득세 _____

준공년월 _____　　전세가 _____　　중개수수료 _____

평수 _____　　보증금·월세 _____　　양도세 _____

호가 _____

입주가능일 _____

방·욕실수 _____

현관구조 _____

최저·최고층 _____

주차대수 _____

배정학교 _____

방향 _____

지역 호재 및 악재

호재·장점

악재·단점

MEMO

아파트 체크리스트

✓ 01. 외부
☐ 아파트 입구 출입이 편리한가?
☐ 주차장은 충분한가?
☐ 엘리베이터는 깨끗하게 관리되어 있는가?

✓ 02. 입구, 복도
☐ 유모차 이동이 자유로운가?
☐ 복도식 구조일 경우, 복도 샷시가 있는가?

✓ 03. 현관 신발장
☐ 현관문은 상태가 양호한가?
☐ 신발장은 수납을 충분히 할 정도로 넉넉한가?
☐ 키높이 신발장인가?

✓ 04. 거실
☐ 전등을 껐을 때도 햇빛이 잘 드는가?
☐ 밖에 집 안을 가리는 건물이나 나무가 없는가?
☐ 창문을 열었을 때, 매연이나 주변 소음이 들어오지 않는가?
☐ TV와 소파를 놓을 공간은 어디인가?

✓ 05. 방
☐ 안방은 3M(10자) 장롱이 들어갈 수 있는 크기인가?
☐ 침대 위치나 크기가 방에 적당한가?
☐ 작은 방에는 옷장, 컴퓨터 책상이 들어가는가?
☐ 장롱 뒤편에 곰팡이는 없는가?

✓ 06. 층간소음
☐ 층간 소음이 심한가?

✓ 07. 샷시
☐ 샷시 문은 잘 여닫히는가?
☐ 방 샷시는 이중으로 되어 있는가? 샷시의 재질은 적합한가?
☐ 베란다 샷시는 양호한가?
☐ 보일러실 샷시는 환기구와 겹치는 부분이 잘 마무리되었는가?

✓ 08. 베란다, 다용도실, 보일러실
☐ 세탁기 위치, 크기, 상하수도 설비가 양호한가?
☐ 수납장은 충분한가?
☐ 확장된 곳의 바닥 난방은 되는가?
☐ 결로, 곰팡이, 누수가 있지 않은가?
☐ 보일러 연식이 10년이 넘었는가?

✓ 09. 주방
☐ 싱크대 크기, 수납공간은 적당한가?
☐ 후드는 잘 작동되는가?
☐ 싱크대 수압은 적당한가?
☐ 냉장고 자리, 크기, 콘센트는 적당한 위치에 있는가?
☐ 식탁을 놓을 공간이 있는가?

✓ 10. 욕실
☐ 욕조가 있는가?
☐ 세변대, 변기 상태는 양호한가?
☐ 환풍기는 잘 작동되는가?

✓ 11. 학교 및 편의시설 여부
☐ 초, 중, 고, 대학교가 주변에 있는가?
☐ 마트, 병원, 도서관등이 주변에 있는가?
☐ 대중교통이 근접한가?

명함 & 전화번호부

임장노트

날짜 | 년   월   일   **거래 |** □ 매매 □ 전세 □ 월세

관심지역 _____

물건명 _____

준공년월 _____

평수 _____

실거래가 _____

매매가 _____

전세가 _____

보증금·월세 _____

관리비 _____

취득세 _____

중개수수료 _____

양도세 _____

호가 _____

입주가능일 _____

방·욕실수 _____

현관구조 _____

최저·최고층 _____

주차대수 _____

배정학교 _____

방향 _____

지역 호재 및 약재

호재·장점

약재·단점

MEMO

구매하기 전 반드시 확인해야 할
아파트 체크리스트

✓ **01. 외부**
☐ 아파트 입구 출입이 편리한가?
☐ 주차장은 충분한가?
☐ 엘리베이터는 깨끗하게 관리되어 있는가?

✓ **02. 입구, 복도**
☐ 유모차 이동이 자유로운가?
☐ 복도식 구조일 경우, 복도 샷시가 있는가?

✓ **03. 현관 신발장**
☐ 현관문은 상태가 양호한가?
☐ 신발장은 수납을 충분히 할 정도로 넉넉한가?
☐ 키높이 신발장인가?

✓ **04. 거실**
☐ 전등을 껐을 때도 햇빛이 잘 드는가?
☐ 밖에 집 안을 가리는 건물이나 나무가 없는가?
☐ 창문을 열었을 때, 매연이나 주변 소음이 들어오지 않는가?
☐ TV와 소파를 놓을 공간은 어디인가?

✓ **05. 방**
☐ 안방은 3M(10자) 장롱이 들어갈 수 있는 크기인가?
☐ 침대 위치나 크기가 방에 적당한가?
☐ 작은 방에는 옷장, 컴퓨터 책상이 들어가는가?
☐ 장롱 뒤편에 곰팡이는 없는가?

✓ **06. 층간소음**
☐ 층간 소음이 심한가?

✓ **07. 샷시**
☐ 샷시 문은 잘 여닫히는가?
☐ 방 샷시는 이중으로 되어 있는가? 샷시의 재질은 적합한가?
☐ 베란다 샷시는 양호한가?
☐ 보일러실 샷시는 환기구와 겹치는 부분이 잘 마무리되었는가?

✓ **08. 베란다, 다용도실, 보일러실**
☐ 세탁기 위치, 크기, 상하수도 설비가 양호한가?
☐ 수납장은 충분한가?
☐ 확장된 곳의 바닥 난방은 되는가?
☐ 결로, 곰팡이, 누수가 있지 않은가?
☐ 보일러 연식이 10년이 넘었는가?

✓ **09. 주방**
☐ 싱크대 크기, 수납공간은 적당한가?
☐ 후드는 잘 작동되는가?
☐ 싱크대 수압은 적당한가?
☐ 냉장고 자리, 크기, 콘센트는 적당한 위치에 있는가?
☐ 식탁을 놓을 공간이 있는가?

✓ **10. 욕실**
☐ 욕조가 있는가?
☐ 세면대, 변기 상태는 양호한가?
☐ 환풍기는 잘 작동되는가?

✓ **11. 학교 및 편의시설 여부**
☐ 초, 중, 고, 대학교가 주변에 있는가?
☐ 마트, 병원, 도서관등이 주변에 있는가?
☐ 대중교통이 근접한가?

명함 & 전화번호부

임장노트

날짜 | 년 월 일　　　거래 | □ 매매 □ 전세 □ 월세

관심지역 _____　　실거래가 _____　　관리비 _____

물건명 _____　　매매가 _____　　취득세 _____

준공년월 _____　　전세가 _____　　중개수수료 _____

평수 _____　　보증금・월세 _____　　양도세 _____

호가 _____

입주가능일 _____

방・욕실수 _____

현관구조 _____

최저・최고층 _____

주차대수 _____

배정학교 _____

방향 _____

지역 호재 및 악재

호재・장점

악재・단점

MEMO

아파트 체크리스트

✓ **01. 외부**
☐ 아파트 입구 출입이 편리한가?
☐ 주차장은 충분한가?
☐ 엘리베이터는 깨끗하게 관리되어 있는가?

✓ **02. 입구, 복도**
☐ 유모차 이동이 자유로운가?
☐ 복도식 구조일 경우, 복도 샷시가 있는가?

✓ **03. 현관 신발장**
☐ 현관문은 상태가 양호한가?
☐ 신발장은 수납을 충분히 할 정도로 넉넉한가?
☐ 키높이 신발장인가?

✓ **04. 거실**
☐ 전등을 껐을 때도 햇빛이 잘 드는가?
☐ 밖에 집 안을 가리는 건물이나 나무가 없는가?
☐ 창문을 열었을 때, 매연이나 주변 소음이 들어오지 않는가?
☐ TV와 소파를 놓을 공간은 어디인가?

✓ **05. 방**
☐ 안방은 3M(10자) 장롱이 들어갈 수 있는 크기인가?
☐ 침대 위치나 크기가 방에 적당한가?
☐ 작은 방에는 옷장, 컴퓨터 책상이 들어가는가?
☐ 장롱 뒤편에 곰팡이는 없는가?

✓ **06. 층간소음**
☐ 층간 소음이 심한가?

✓ **07. 샷시**
☐ 샷시 문은 잘 여닫히는가?
☐ 방 샷시는 이중으로 되어 있는가? 샷시의 재질은 적합한가?
☐ 베란다 샷시는 양호한가?
☐ 보일러실 샷시는 환기구와 겹치는 부분이 잘 마무리되었는가?

✓ **08. 베란다, 다용도실, 보일러실**
☐ 세탁기 위치, 크기, 상하수도 설비가 양호한가?
☐ 수납장은 충분한가?
☐ 확장된 곳의 바닥 난방은 되는가?
☐ 결로, 곰팡이, 누수가 있지 않은가?
☐ 보일러 연식이 10년이 넘었는가?

✓ **09. 주방**
☐ 싱크대 크기, 수납공간은 적당한가?
☐ 후드는 잘 작동되는가?
☐ 싱크대 수압은 적당한가?
☐ 냉장고 자리, 크기, 콘센트는 적당한 위치에 있는가?
☐ 식탁을 놓을 공간이 있는가?

✓ **10. 욕실**
☐ 욕조가 있는가?
☐ 세면대, 변기 상태는 양호한가?
☐ 환풍기는 잘 작동되는가?

✓ **11. 학교 및 편의시설 여부**
☐ 초, 중, 고, 대학교가 주변에 있는가?
☐ 마트, 병원, 도서관등이 주변에 있는가?
☐ 대중교통이 근접한가?

명함 & 전화번호부

임장노트

날짜 l   년   월   일   거래 l □ 매매 □ 전세 □ 월세

관심지역 _____
물건명 _____
준공년월 _____
평수 _____

실거래가 _____
매매가 _____
전세가 _____
보증금·월세 _____

관리비 _____
취득세 _____
중개수수료 _____
양도세 _____

호가 _____
입주가능일 _____
방·욕실수 _____
현관구조 _____
최저·최고층 _____
주차대수 _____
배정학교 _____
방향 _____

지역 호재 및 악재

호재·장점

악재·단점

MEMO

구매하기 전 반드시 확인해야 할
아파트 체크리스트

✓ **01. 외부**
☐ 아파트 입구 출입이 편리한가?
☐ 주차장은 충분한가?
☐ 엘리베이터는 깨끗하게 관리되어 있는가?

✓ **02. 입구, 복도**
☐ 유모차 이동이 자유로운가?
☐ 복도식 구조일 경우, 복도 샷시가 있는가?

✓ **03. 현관 신발장**
☐ 현관문은 상태가 양호한가?
☐ 신발장은 수납을 충분히 할 정도로 넉넉한가?
☐ 키높이 신발장인가?

✓ **04. 거실**
☐ 전등을 껐을 때도 햇빛이 잘 드는가?
☐ 밖에 집 안을 가리는 건물이나 나무가 없는가?
☐ 창문을 열었을 때, 매연이나 주변 소음이 들어오지 않는가?
☐ TV와 소파를 놓을 공간은 어디인가?

✓ **05. 방**
☐ 안방은 3M(10자) 장롱이 들어갈 수 있는 크기인가?
☐ 침대 위치나 크기가 방에 적당한가?
☐ 작은 방에는 옷장, 컴퓨터 책상이 들어가는가?
☐ 장롱 뒤편에 곰팡이는 없는가?

✓ **06. 층간소음**
☐ 층간 소음이 심한가?

✓ **07. 샷시**
☐ 샷시 문은 잘 여닫히는가?
☐ 방 샷시는 이중으로 되어 있는가? 샷시의 재질은 적합한가?
☐ 베란다 샷시는 양호한가?
☐ 보일러실 샷시는 환기구와 겹치는 부분이 잘 마무리되었는가?

✓ **08. 베란다, 다용도실, 보일러실**
☐ 세탁기 위치, 크기, 상하수도 설비가 양호한가?
☐ 수납장은 충분한가?
☐ 확장된 곳의 바닥 난방은 되는가?
☐ 결로, 곰팡이, 누수가 있지 않은가?
☐ 보일러 연식이 10년이 넘었는가?

✓ **09. 주방**
☐ 싱크대 크기, 수납공간은 적당한가?
☐ 후드는 잘 작동되는가?
☐ 싱크대 수압은 적당한가?
☐ 냉장고 자리, 크기, 콘센트는 적당한 위치에 있는가?
☐ 식탁을 놓을 공간이 있는가?

✓ **10. 욕실**
☐ 욕조가 있는가?
☐ 세면대, 변기 상태는 양호한가?
☐ 환풍기는 잘 작동되는가?

✓ **11. 학교 및 편의시설 여부**
☐ 초, 중, 고, 대학교가 주변에 있는가?
☐ 마트, 병원, 도서관등이 주변에 있는가?
☐ 대중교통이 근접한가?

명함 & 전화번호부

임장노트

날짜 | 년   월   일   **거래 |** ☐ 매매 ☐ 전세 ☐ 월세

관심지역 _____   실거래가 _____   관리비 _____

물건명 _____   매매가 _____   취득세 _____

준공년월 _____   전세가 _____   중개수수료 _____

평수 _____   보증금·월세 _____   양도세 _____

호가 _____

입주가능일 _____

방·욕실수 _____

현관구조 _____

최저·최고층 _____

주차대수 _____

배정학교 _____

방향 _____

지역 호재 및 악재

호재·장점

악재·단점

MEMO

구매하기 전 반드시 확인해야 할
아파트 체크리스트

✓ **01. 외부**
☐ 아파트 입구 출입이 편리한가?
☐ 주차장은 충분한가?
☐ 엘리베이터는 깨끗하게 관리되어 있는가?

✓ **02. 입구, 복도**
☐ 유모차 이동이 자유로운가?
☐ 복도식 구조일 경우, 복도 샷시가 있는가?

✓ **03. 현관 신발장**
☐ 현관문은 상태가 양호한가?
☐ 신발장은 수납을 충분히 할 정도로 넉넉한가?
☐ 키높이 신발장인가?

✓ **04. 거실**
☐ 전등을 껐을 때도 햇빛이 잘 드는가?
☐ 밖에 집 안을 가리는 건물이나 나무가 없는가?
☐ 창문을 열었을 때, 매연이나 주변 소음이 들어오지 않는가?
☐ TV와 소파를 놓을 공간은 어디인가?

✓ **05. 방**
☐ 안방은 3M(10자) 장롱이 들어갈 수 있는 크기인가?
☐ 침대 위치나 크기가 방에 적당한가?
☐ 작은 방에는 옷장, 컴퓨터 책상이 들어가는가?
☐ 장롱 뒤편에 곰팡이는 없는가?

✓ **06. 층간소음**
☐ 층간 소음이 심한가?

✓ **07. 샷시**
☐ 샷시 문은 잘 여닫히는가?
☐ 방 샷시는 이중으로 되어 있는가? 샷시의 재질은 적합한가?
☐ 베란다 샷시는 양호한가?
☐ 보일러실 샷시는 환기구와 겹치는 부분이 잘 마무리되었는가?

✓ **08. 베란다, 다용도실, 보일러실**
☐ 세탁기 위치, 크기, 상하수도 설비가 양호한가?
☐ 수납장은 충분한가?
☐ 확장된 곳의 바닥 난방은 되는가?
☐ 결로, 곰팡이, 누수가 있지 않은가?
☐ 보일러 연식이 10년이 넘었는가?

✓ **09. 주방**
☐ 싱크대 크기, 수납공간은 적당한가?
☐ 후드는 잘 작동되는가?
☐ 싱크대 수압은 적당한가?
☐ 냉장고 자리, 크기, 콘센트는 적당한 위치에 있는가?
☐ 식탁을 놓을 공간이 있는가?

✓ **10. 욕실**
☐ 욕조가 있는가?
☐ 세변대, 변기 상태는 양호한가?
☐ 환풍기는 잘 작동되는가?

✓ **11. 학교 및 편의시설 여부**
☐ 초, 중, 고, 대학교가 주변에 있는가?
☐ 마트, 병원, 도서관등이 주변에 있는가?
☐ 대중교통이 근접한가?

명함 & 전화번호부

임장노트

날짜 | 년   월   일   거래 | □ 매매 □ 전세 □ 월세

관심지역	_____	실거래가	_____	관리비	_____
물건명	_____	매매가	_____	취득세	_____
준공년월	_____	전세가	_____	중개수수료	_____
평수	_____	보증금·월세	_____	양도세	_____

호가	_____
입주가능일	_____
방·욕실수	_____
현관구조	_____
최저·최고층	_____
주차대수	_____
배정학교	_____
방향	_____

지역 호재 및 악재

호재·장점

악재·단점

MEMO

구매하기 전 반드시 확인해야 할
아파트 체크리스트

✓ **01. 외부**
☐ 아파트 입구 출입이 편리한가?
☐ 주차장은 충분한가?
☐ 엘리베이터는 깨끗하게 관리되어 있는가?

✓ **02. 입구, 복도**
☐ 유모차 이동이 자유로운가?
☐ 복도식 구조일 경우, 복도 샷시가 있는가?

✓ **03. 현관 신발장**
☐ 현관문은 상태가 양호한가?
☐ 신발장은 수납을 충분히 할 정도로 넉넉한가?
☐ 키높이 신발장인가?

✓ **04. 거실**
☐ 전등을 껐을 때도 햇빛이 잘 드는가?
☐ 밖에 집 안을 가리는 건물이나 나무가 없는가?
☐ 창문을 열었을 때, 매연이나 주변 소음이 들어오지 않는가?
☐ TV와 소파를 놓을 공간은 어디인가?

✓ **05. 방**
☐ 안방은 3M(10자) 장롱이 들어갈 수 있는 크기인가?
☐ 침대 위치나 크기가 방에 적당한가?
☐ 작은 방에는 옷장, 컴퓨터 책상이 들어가는가?
☐ 장롱 뒤편에 곰팡이는 없는가?

✓ **06. 층간소음**
☐ 층간 소음이 심한가?

✓ **07. 샷시**
☐ 샷시 문은 잘 여닫히는가?
☐ 방 샷시는 이중으로 되어 있는가? 샷시의 재질은 적합한가?
☐ 베란다 샷시는 양호한가?
☐ 보일러실 샷시는 환기구와 겹치는 부분이 잘 마무리되었는가?

✓ **08. 베란다, 다용도실, 보일러실**
☐ 세탁기 위치, 크기, 상하수도 설비가 양호한가?
☐ 수납장은 충분한가?
☐ 확장된 곳의 바닥 난방은 되는가?
☐ 결로, 곰팡이, 누수가 있지 않은가?
☐ 보일러 연식이 10년이 넘었는가?

✓ **09. 주방**
☐ 싱크대 크기, 수납공간은 적당한가?
☐ 후드는 잘 작동되는가?
☐ 싱크대 수압은 적당한가?
☐ 냉장고 자리, 크기, 콘센트는 적당한 위치에 있는가?
☐ 식탁을 놓을 공간이 있는가?

✓ **10. 욕실**
☐ 욕조가 있는가?
☐ 세변대, 변기 상태는 양호한가?
☐ 환풍기는 잘 작동되는가?

✓ **11. 학교 및 편의시설 여부**
☐ 초, 중, 고, 대학교가 주변에 있는가?
☐ 마트, 병원, 도서관등이 주변에 있는가?
☐ 대중교통이 근접한가?

명함 & 전화번호부

임장노트

날짜 | 년 월 일   거래 | □ 매매 □ 전세 □ 월세

관심지역 _____   실거래가 _____   관리비 _____

물건명 _____   매매가 _____   취득세 _____

준공년월 _____   전세가 _____   중개수수료 _____

평수 _____   보증금·월세 _____   양도세 _____

호가 _____

입주가능일 _____

방·욕실수 _____

현관구조 _____

최저·최고층 _____

주차대수 _____

배정학교 _____

방향 _____

지역 호재 및 악재

호재·장점

악재·단점

MEMO

구매하기 전 반드시 확인해야 할
아파트 체크리스트

✓ 01. 외부
☐ 아파트 입구 출입이 편리한가?
☐ 주차장은 충분한가?
☐ 엘리베이터는 깨끗하게 관리되어 있는가?

✓ 02. 입구, 복도
☐ 유모차 이동이 자유로운가?
☐ 복도식 구조일 경우, 복도 샷시가 있는가?

✓ 03. 현관 신발장
☐ 현관문은 상태가 양호한가?
☐ 신발장은 수납을 충분히 할 정도로 넉넉한가?
☐ 키높이 신발장인가?

✓ 04. 거실
☐ 전등을 껐을 때도 햇빛이 잘 드는가?
☐ 밖에 집 안을 가리는 건물이나 나무가 없는가?
☐ 창문을 열었을 때, 매연이나 주변 소음이 들어오지 않는가?
☐ TV와 소파를 놓을 공간은 어디인가?

✓ 05. 방
☐ 안방은 3M(10자) 장롱이 들어갈 수 있는 크기인가?
☐ 침대 위치나 크기가 방에 적당한가?
☐ 작은 방에는 옷장, 컴퓨터 책상이 들어가는가?
☐ 장롱 뒤편에 곰팡이는 없는가?

✓ 06. 층간소음
☐ 층간 소음이 심한가?

✓ 07. 샷시
☐ 샷시 문은 잘 여닫히는가?
☐ 방 샷시는 이중으로 되어 있는가? 샷시의 재질은 적합한가?
☐ 베란다 샷시는 양호한가?
☐ 보일러실 샷시는 환기구와 겹치는 부분이 잘 마무리되었는가?

✓ 08. 베란다, 다용도실, 보일러실
☐ 세탁기 위치, 크기, 상하수도 설비가 양호한가?
☐ 수납장은 충분한가?
☐ 확장된 곳의 바닥 난방은 되는가?
☐ 결로, 곰팡이, 누수가 있지 않은가?
☐ 보일러 연식이 10년이 넘었는가?

✓ 09. 주방
☐ 싱크대 크기, 수납공간은 적당한가?
☐ 후드는 잘 작동되는가?
☐ 싱크대 수압은 적당한가?
☐ 냉장고 자리, 크기, 콘센트는 적당한 위치에 있는가?
☐ 식탁을 놓을 공간이 있는가?

✓ 10. 욕실
☐ 욕조가 있는가?
☐ 세변대, 변기 상태는 양호한가?
☐ 환풍기는 잘 작동되는가?

✓ 11. 학교 및 편의시설 여부
☐ 초, 중, 고, 대학교가 주변에 있는가?
☐ 마트, 병원, 도서관등이 주변에 있는가?
☐ 대중교통이 근접한가?

명함 & 전화번호부

임장노트

날짜 | **년**   **월**   **일**   **거래 |** □ 매매   □ 전세   □ 월세

관심지역	_____	실거래가	_____	관리비	_____
물건명	_____	매매가	_____	취득세	_____
준공년월	_____	전세가	_____	중개수수료	_____
평수	_____	보증금·월세	_____	양도세	_____

호가	_____
입주가능일	_____
방·욕실수	_____
현관구조	_____
최저·최고층	_____
주차대수	_____
배정학교	_____
방향	_____

지역 호재 및 악재

호재·장점

악재·단점

MEMO

구매하기 전 반드시 확인해야 할
아파트 체크리스트

✓ 01. 외부
☐ 아파트 입구 출입이 편리한가?
☐ 주차장은 충분한가?
☐ 엘리베이터는 깨끗하게 관리되어 있는가?

✓ 02. 입구, 복도
☐ 유모차 이동이 자유로운가?
☐ 복도식 구조일 경우, 복도 샷시가 있는가?

✓ 03. 현관 신발장
☐ 현관문은 상태가 양호한가?
☐ 신발장은 수납을 충분히 할 정도로 넉넉한가?
☐ 키높이 신발장인가?

✓ 04. 거실
☐ 전등을 껐을 때도 햇빛이 잘 드는가?
☐ 밖에 집 안을 가리는 건물이나 나무가 없는가?
☐ 창문을 열었을 때, 매연이나 주변 소음이 들어오지 않는가?
☐ TV와 소파를 놓을 공간은 어디인가?

✓ 05. 방
☐ 안방은 3M(10자) 장롱이 들어갈 수 있는 크기인가?
☐ 침대 위치나 크기가 방에 적당한가?
☐ 작은 방에는 옷장, 컴퓨터 책상이 들어가는가?
☐ 장롱 뒤편에 곰팡이는 없는가?

✓ 06. 층간소음
☐ 층간 소음이 심한가?

✓ 07. 샷시
☐ 샷시 문은 잘 여닫히는가?
☐ 방 샷시는 이중으로 되어 있는가? 샷시의 재질은 적합한가?
☐ 베란다 샷시는 양호한가?
☐ 보일러실 샷시는 환기구와 겹치는 부분이 잘 마무리되었는가?

✓ 08. 베란다, 다용도실, 보일러실
☐ 세탁기 위치, 크기, 상하수도 설비가 양호한가?
☐ 수납장은 충분한가?
☐ 확장된 곳의 바닥 난방은 되는가?
☐ 결로, 곰팡이, 누수가 있지 않은가?
☐ 보일러 연식이 10년이 넘었는가?

✓ 09. 주방
☐ 싱크대 크기, 수납공간은 적당한가?
☐ 후드는 잘 작동되는가?
☐ 싱크대 수압은 적당한가?
☐ 냉장고 자리, 크기, 콘센트는 적당한 위치에 있는가?
☐ 식탁을 놓을 공간이 있는가?

✓ 10. 욕실
☐ 욕조가 있는가?
☐ 세면대, 변기 상태는 양호한가?
☐ 환풍기는 잘 작동되는가?

✓ 11. 학교 및 편의시설 여부
☐ 초, 중, 고, 대학교가 주변에 있는가?
☐ 마트, 병원, 도서관등이 주변에 있는가?
☐ 대중교통이 근접한가?

명함 & 전화번호부

임장노트

날짜 |　　년　　월　　일　　　　　거래 | □ 매매　□ 전세　□ 월세

관심지역 ＿＿＿＿＿　　실거래가 ＿＿＿＿＿　　관리비 ＿＿＿＿＿

물건명 ＿＿＿＿＿　　매매가 ＿＿＿＿＿　　취득세 ＿＿＿＿＿

준공년월 ＿＿＿＿＿　　전세가 ＿＿＿＿＿　　중개수수료 ＿＿＿＿＿

평수 ＿＿＿＿＿　　보증금·월세 ＿＿＿＿＿　　양도세 ＿＿＿＿＿

호가 ＿＿＿＿＿

입주가능일 ＿＿＿＿＿

방·욕실수 ＿＿＿＿＿

현관구조 ＿＿＿＿＿

최저·최고층 ＿＿＿＿＿

주차대수 ＿＿＿＿＿

배정학교 ＿＿＿＿＿

방향 ＿＿＿＿＿

지역 호재 및 악재

호재·장점

악재·단점

MEMO

구매하기 전 반드시 확인해야 할
아파트 체크리스트

✓ **01. 외부**
☐ 아파트 입구 출입이 편리한가?
☐ 주차장은 충분한가?
☐ 엘리베이터는 깨끗하게 관리되어 있는가?

✓ **02. 입구, 복도**
☐ 유모차 이동이 자유로운가?
☐ 복도식 구조일 경우, 복도 샷시가 있는가?

✓ **03. 현관 신발장**
☐ 현관문은 상태가 양호한가?
☐ 신발장은 수납을 충분히 할 정도로 넉넉한가?
☐ 키높이 신발장인가?

✓ **04. 거실**
☐ 전등을 껐을 때도 햇빛이 잘 드는가?
☐ 밖에 집 안을 가리는 건물이나 나무가 없는가?
☐ 창문을 열었을 때, 매연이나 주변 소음이 들어오지 않는가?
☐ TV와 소파를 놓을 공간은 어디인가?

✓ **05. 방**
☐ 안방은 3M(10자) 장롱이 들어갈 수 있는 크기인가?
☐ 침대 위치나 크기가 방에 적당한가?
☐ 작은 방에는 옷장, 컴퓨터 책상이 들어가는가?
☐ 장롱 뒤편에 곰팡이는 없는가?

✓ **06. 층간소음**
☐ 층간 소음이 심한가?

✓ **07. 샷시**
☐ 샷시 문은 잘 여닫히는가?
☐ 방 샷시는 이중으로 되어 있는가? 샷시의 재질은 적합한가?
☐ 베란다 샷시는 양호한가?
☐ 보일러실 샷시는 환기구와 겹치는 부분이 잘 마무리되었는가?

✓ **08. 베란다, 다용도실, 보일러실**
☐ 세탁기 위치, 크기, 상하수도 설비가 양호한가?
☐ 수납장은 충분한가?
☐ 확장된 곳의 바닥 난방은 되는가?
☐ 결로, 곰팡이, 누수가 있지 않은가?
☐ 보일러 연식이 10년이 넘었는가?

✓ **09. 주방**
☐ 싱크대 크기, 수납공간은 적당한가?
☐ 후드는 잘 작동되는가?
☐ 싱크대 수압은 적당한가?
☐ 냉장고 자리, 크기, 콘센트는 적당한 위치에 있는가?
☐ 식탁을 놓을 공간이 있는가?

✓ **10. 욕실**
☐ 욕조가 있는가?
☐ 세변대, 변기 상태는 양호한가?
☐ 환풍기는 잘 작동되는가?

✓ **11. 학교 및 편의시설 여부**
☐ 초, 중, 고, 대학교가 주변에 있는가?
☐ 마트, 병원, 도서관등이 주변에 있는가?
☐ 대중교통이 근접한가?

명함 & 전화번호부

임장노트

날짜 | 년   월   일   거래 | □ 매매 □ 전세 □ 월세

관심지역 _____

물건명 _____

준공년월 _____

평수 _____

실거래가 _____

매매가 _____

전세가 _____

보증금·월세 _____

관리비 _____

취득세 _____

중개수수료 _____

양도세 _____

호가 _____

입주가능일 _____

방·욕실수 _____

현관구조 _____

최저·최고층 _____

주차대수 _____

배정학교 _____

방향 _____

지역 호재 및 악재

호재·장점

악재·단점

MEMO

구매하기 전 반드시 확인해야 할
아파트 체크리스트

✓ **01. 외부**
☐ 아파트 입구 출입이 편리한가?
☐ 주차장은 충분한가?
☐ 엘리베이터는 깨끗하게 관리되어 있는가?

✓ **02. 입구, 복도**
☐ 유모차 이동이 자유로운가?
☐ 복도식 구조일 경우, 복도 샷시가 있는가?

✓ **03. 현관 신발장**
☐ 현관문은 상태가 양호한가?
☐ 신발장은 수납을 충분히 할 정도로 넉넉한가?
☐ 키높이 신발장인가?

✓ **04. 거실**
☐ 전등을 껐을 때도 햇빛이 잘 드는가?
☐ 밖에 집 안을 가리는 건물이나 나무가 없는가?
☐ 창문을 열었을 때, 매연이나 주변 소음이 들어오지 않는가?
☐ TV와 소파를 놓을 공간은 어디인가?

✓ **05. 방**
☐ 안방은 3M(10자) 장롱이 들어갈 수 있는 크기인가?
☐ 침대 위치나 크기가 방에 적당한가?
☐ 작은 방에는 옷장, 컴퓨터 책상이 들어가는가?
☐ 장롱 뒤편에 곰팡이는 없는가?

✓ **06. 층간소음**
☐ 층간 소음이 심한가?

✓ **07. 샷시**
☐ 샷시 문은 잘 여닫히는가?
☐ 방 샷시는 이중으로 되어 있는가? 샷시의 재질은 적합한가?
☐ 베란다 샷시는 양호한가?
☐ 보일러실 샷시는 환기구와 겹치는 부분이 잘 마무리되었는가?

✓ **08. 베란다, 다용도실, 보일러실**
☐ 세탁기 위치, 크기, 상하수도 설비가 양호한가?
☐ 수납장은 충분한가?
☐ 확장된 곳의 바닥 난방은 되는가?
☐ 결로, 곰팡이, 누수가 있지 않은가?
☐ 보일러 연식이 10년이 넘었는가?

✓ **09. 주방**
☐ 싱크대 크기, 수납공간은 적당한가?
☐ 후드는 잘 작동되는가?
☐ 싱크대 수압은 적당한가?
☐ 냉장고 자리, 크기, 콘센트는 적당한 위치에 있는가?
☐ 식탁을 놓을 공간이 있는가?

✓ **10. 욕실**
☐ 욕조가 있는가?
☐ 세변대, 변기 상태는 양호한가?
☐ 환풍기는 잘 작동되는가?

✓ **11. 학교 및 편의시설 여부**
☐ 초, 중, 고, 대학교가 주변에 있는가?
☐ 마트, 병원, 도서관등이 주변에 있는가?
☐ 대중교통이 근접한가?

명함 & 전화번호부

임장노트

날짜 | 년 월 일   **거래 |** □ 매매 □ 전세 □ 월세

관심지역 _____   실거래가 _____   관리비 _____

물건명 _____   매매가 _____   취득세 _____

준공년월 _____   전세가 _____   중개수수료 _____

평수 _____   보증금·월세 _____   양도세 _____

호가 _____

입주가능일 _____

방·욕실수 _____

현관구조 _____

최저·최고층 _____

주차대수 _____

배정학교 _____

방향 _____

지역 호재 및 악재

호재·장점

악재·단점

MEMO

구매하기 전 반드시 확인해야 할
아파트 체크리스트

✓ **01. 외부**
☐ 아파트 입구 출입이 편리한가?
☐ 주차장은 충분한가?
☐ 엘리베이터는 깨끗하게 관리되어 있는가?

✓ **02. 입구, 복도**
☐ 유모차 이동이 자유로운가?
☐ 복도식 구조일 경우, 복도 샷시가 있는가?

✓ **03. 현관 신발장**
☐ 현관문은 상태가 양호한가?
☐ 신발장은 수납을 충분히 할 정도로 넉넉한가?
☐ 키높이 신발장인가?

✓ **04. 거실**
☐ 전등을 껐을 때도 햇빛이 잘 드는가?
☐ 밖에 집 안을 가리는 건물이나 나무가 없는가?
☐ 창문을 열었을 때, 매연이나 주변 소음이 들어오지 않는가?
☐ TV와 소파를 놓을 공간은 어디인가?

✓ **05. 방**
☐ 안방은 3M(10자) 장롱이 들어갈 수 있는 크기인가?
☐ 침대 위치나 크기가 방에 적당한가?
☐ 작은 방에는 옷장, 컴퓨터 책상이 들어가는가?
☐ 장롱 뒤편에 곰팡이는 없는가?

✓ **06. 층간소음**
☐ 층간 소음이 심한가?

✓ **07. 샷시**
☐ 샷시 문은 잘 여닫히는가?
☐ 방 샷시는 이중으로 되어 있는가? 샷시의 재질은 적합한가?
☐ 베란다 샷시는 양호한가?
☐ 보일러실 샷시는 환기구와 겹치는 부분이 잘 마무리되었는가?

✓ **08. 베란다, 다용도실, 보일러실**
☐ 세탁기 위치, 크기, 상하수도 설비가 양호한가?
☐ 수납장은 충분한가?
☐ 확장된 곳의 바닥 난방은 되는가?
☐ 결로, 곰팡이, 누수가 있지 않은가?
☐ 보일러 연식이 10년이 넘었는가?

✓ **09. 주방**
☐ 싱크대 크기, 수납공간은 적당한가?
☐ 후드는 잘 작동되는가?
☐ 싱크대 수압은 적당한가?
☐ 냉장고 자리, 크기, 콘센트는 적당한 위치에 있는가?
☐ 식탁을 놓을 공간이 있는가?

✓ **10. 욕실**
☐ 욕조가 있는가?
☐ 세변대, 변기 상태는 양호한가?
☐ 환풍기는 잘 작동되는가?

✓ **11. 학교 및 편의시설 여부**
☐ 초, 중, 고, 대학교가 주변에 있는가?
☐ 마트, 병원, 도서관등이 주변에 있는가?
☐ 대중교통이 근접한가?

명함 & 전화번호부

임장노트

날짜 |　　　년　　　월　　　일　　　　　거래 | □ 매매　□ 전세　□ 월세

관심지역　_____　　실거래가　_____　　관리비　_____

물건명　_____　　매매가　_____　　취득세　_____

준공년월　_____　　전세가　_____　　중개수수료　_____

평수　_____　　보증금·월세　_____　　양도세　_____

호가　_____

입주가능일　_____

방·욕실수　_____

현관구조　_____

최저·최고층　_____

주차대수　_____

배정학교　_____

방향　_____

지역 호재 및 악재

호재·장점

악재·단점

MEMO

구매하기 전 반드시 확인해야 할
아파트 체크리스트

✓ **01. 외부**
☐ 아파트 입구 출입이 편리한가?
☐ 주차장은 충분한가?
☐ 엘리베이터는 깨끗하게 관리되어 있는가?

✓ **02. 입구, 복도**
☐ 유모차 이동이 자유로운가?
☐ 복도식 구조일 경우, 복도 샷시가 있는가?

✓ **03. 현관 신발장**
☐ 현관문은 상태가 양호한가?
☐ 신발장은 수납을 충분히 할 정도로 넉넉한가?
☐ 키높이 신발장인가?

✓ **04. 거실**
☐ 전등을 껐을 때도 햇빛이 잘 드는가?
☐ 밖에 집 안을 가리는 건물이나 나무가 없는가?
☐ 창문을 열었을 때, 매연이나 주변 소음이 들어오지 않는가?
☐ TV와 소파를 놓을 공간은 어디인가?

✓ **05. 방**
☐ 안방은 3M(10자) 장롱이 들어갈 수 있는 크기인가?
☐ 침대 위치나 크기가 방에 적당한가?
☐ 작은 방에는 옷장, 컴퓨터 책상이 들어가는가?
☐ 장롱 뒤편에 곰팡이는 없는가?

✓ **06. 층간소음**
☐ 층간 소음이 심한가?

✓ **07. 샷시**
☐ 샷시 문은 잘 여닫히는가?
☐ 방 샷시는 이중으로 되어 있는가? 샷시의 재질은 적합한가?
☐ 베란다 샷시는 양호한가?
☐ 보일러실 샷시는 환기구와 겹치는 부분이 잘 마무리되었는가?

✓ **08. 베란다, 다용도실, 보일러실**
☐ 세탁기 위치, 크기, 상하수도 설비가 양호한가?
☐ 수납장은 충분한가?
☐ 확장된 곳의 바닥 난방은 되는가?
☐ 결로, 곰팡이, 누수가 있지 않은가?
☐ 보일러 연식이 10년이 넘었는가?

✓ **09. 주방**
☐ 싱크대 크기, 수납공간은 적당한가?
☐ 후드는 잘 작동되는가?
☐ 싱크대 수압은 적당한가?
☐ 냉장고 자리, 크기, 콘센트는 적당한 위치에 있는가?
☐ 식탁을 놓을 공간이 있는가?

✓ **10. 욕실**
☐ 욕조가 있는가?
☐ 세변대, 변기 상태는 양호한가?
☐ 환풍기는 잘 작동되는가?

✓ **11. 학교 및 편의시설 여부**
☐ 초, 중, 고, 대학교가 주변에 있는가?
☐ 마트, 병원, 도서관등이 주변에 있는가?
☐ 대중교통이 근접한가?

명함 & 전화번호부

임장노트

날짜 | 년   월   일   거래 | □ 매매 □ 전세 □ 월세

관심지역 _____   실거래가 _____   관리비 _____

물건명 _____   매매가 _____   취득세 _____

준공년월 _____   전세가 _____   중개수수료 _____

평수 _____   보증금·월세 _____   양도세 _____

호가 _____

입주가능일 _____

방·욕실수 _____

현관구조 _____

최저·최고층 _____

주차대수 _____

배정학교 _____

방향 _____

지역 호재 및 악재

호재·장점

악재·단점

MEMO

구매하기 전 반드시 확인해야 할
아파트 체크리스트

✓ 01. 외부
☐ 아파트 입구 출입이 편리한가?
☐ 주차장은 충분한가?
☐ 엘리베이터는 깨끗하게 관리되어 있는가?

✓ 02. 입구, 복도
☐ 유모차 이동이 자유로운가?
☐ 복도식 구조일 경우, 복도 샷시가 있는가?

✓ 03. 현관 신발장
☐ 현관문은 상태가 양호한가?
☐ 신발장은 수납을 충분히 할 정도로 넉넉한가?
☐ 키높이 신발장인가?

✓ 04. 거실
☐ 전등을 껐을 때도 햇빛이 잘 드는가?
☐ 밖에 집 안을 가리는 건물이나 나무가 없는가?
☐ 창문을 열었을 때, 매연이나 주변 소음이 들어오지 않는가?
☐ TV와 소파를 놓을 공간은 어디인가?

✓ 05. 방
☐ 안방은 3M(10자) 장롱이 들어갈 수 있는 크기인가?
☐ 침대 위치나 크기가 방에 적당한가?
☐ 작은 방에는 옷장, 컴퓨터 책상이 들어가는가?
☐ 장롱 뒤편에 곰팡이는 없는가?

✓ 06. 층간소음
☐ 층간 소음이 심한가?

✓ 07. 샷시
☐ 샷시 문은 잘 여닫히는가?
☐ 방 샷시는 이중으로 되어 있는가? 샷시의 재질은 적합한가?
☐ 베란다 샷시는 양호한가?
☐ 보일러실 샷시는 환기구와 겹치는 부분이 잘 마무리되었는가?

✓ 08. 베란다, 다용도실, 보일러실
☐ 세탁기 위치, 크기, 상하수도 설비가 양호한가?
☐ 수납장은 충분한가?
☐ 확장된 곳의 바닥 난방은 되는가?
☐ 결로, 곰팡이, 누수가 있지 않은가?
☐ 보일러 연식이 10년이 넘었는가?

✓ 09. 주방
☐ 싱크대 크기, 수납공간은 적당한가?
☐ 후드는 잘 작동되는가?
☐ 싱크대 수압은 적당한가?
☐ 냉장고 자리, 크기, 콘센트는 적당한 위치에 있는가?
☐ 식탁을 놓을 공간이 있는가?

✓ 10. 욕실
☐ 욕조가 있는가?
☐ 세변대, 변기 상태는 양호한가?
☐ 환풍기는 잘 작동되는가?

✓ 11. 학교 및 편의시설 여부
☐ 초, 중, 고, 대학교가 주변에 있는가?
☐ 마트, 병원, 도서관등이 주변에 있는가?
☐ 대중교통이 근접한가?

명함 & 전화번호부

임장노트

날짜 | 년   월   일   **거래 |** □ 매매   □ 전세   □ 월세

관심지역	_____	실거래가	_____	관리비	_____
물건명	_____	매매가	_____	취득세	_____
준공년월	_____	전세가	_____	중개수수료	_____
평수	_____	보증금·월세	_____	양도세	_____

호가	_____
입주가능일	_____
방·욕실수	_____
현관구조	_____
최저·최고층	_____
주차대수	_____
배정학교	_____
방향	_____

지역 호재 및 악재

호재·장점

악재·단점

MEMO

구매하기 전 반드시 확인해야 할
아파트 체크리스트

✓ **01. 외부**
☐ 아파트 입구 출입이 편리한가?
☐ 주차장은 충분한가?
☐ 엘리베이터는 깨끗하게 관리되어 있는가?

✓ **02. 입구, 복도**
☐ 유모차 이동이 자유로운가?
☐ 복도식 구조일 경우, 복도 샷시가 있는가?

✓ **03. 현관 신발장**
☐ 현관문은 상태가 양호한가?
☐ 신발장은 수납을 충분히 할 정도로 넉넉한가?
☐ 키높이 신발장인가?

✓ **04. 거실**
☐ 전등을 껐을 때도 햇빛이 잘 드는가?
☐ 밖에 집 안을 가리는 건물이나 나무가 없는가?
☐ 창문을 열었을 때, 매연이나 주변 소음이 들어오지 않는가?
☐ TV와 소파를 놓을 공간은 어디인가?

✓ **05. 방**
☐ 안방은 3M(10자) 장롱이 들어갈 수 있는 크기인가?
☐ 침대 위치나 크기가 방에 적당한가?
☐ 작은 방에는 옷장, 컴퓨터 책상이 들어가는가?
☐ 장롱 뒤편에 곰팡이는 없는가?

✓ **06. 층간소음**
☐ 층간 소음이 심한가?

✓ **07. 샷시**
☐ 샷시 문은 잘 여닫히는가?
☐ 방 샷시는 이중으로 되어 있는가? 샷시의 재질은 적합한가?
☐ 베란다 샷시는 양호한가?
☐ 보일러실 샷시는 환기구와 겹치는 부분이 잘 마무리되었는가?

✓ **08. 베란다, 다용도실, 보일러실**
☐ 세탁기 위치, 크기, 상하수도 설비가 양호한가?
☐ 수납장은 충분한가?
☐ 확장된 곳의 바닥 난방은 되는가?
☐ 결로, 곰팡이, 누수가 있지 않은가?
☐ 보일러 연식이 10년이 넘었는가?

✓ **09. 주방**
☐ 싱크대 크기, 수납공간은 적당한가?
☐ 후드는 잘 작동되는가?
☐ 싱크대 수압은 적당한가?
☐ 냉장고 자리, 크기, 콘센트는 적당한 위치에 있는가?
☐ 식탁을 놓을 공간이 있는가?

✓ **10. 욕실**
☐ 욕조가 있는가?
☐ 세변대, 변기 상태는 양호한가?
☐ 환풍기는 잘 작동되는가?

✓ **11. 학교 및 편의시설 여부**
☐ 초, 중, 고, 대학교가 주변에 있는가?
☐ 마트, 병원, 도서관등이 주변에 있는가?
☐ 대중교통이 근접한가?

명함 & 전화번호부

임장노트

날짜 | 년 월 일   **거래 |** □ 매매 □ 전세 □ 월세

관심지역 _____   실거래가 _____   관리비 _____

물건명 _____   매매가 _____   취득세 _____

준공년월 _____   전세가 _____   중개수수료 _____

평수 _____   보증금·월세 _____   양도세 _____

호가 _____

입주가능일 _____

방·욕실수 _____

현관구조 _____

최저·최고층 _____

주차대수 _____

배정학교 _____

방향 _____

지역 호재 및 악재

호재·장점

악재·단점

MEMO

구매하기 전 반드시 확인해야 할
아파트 체크리스트

✓ 01. 외부
□ 아파트 입구 출입이 편리한가?
□ 주차장은 충분한가?
□ 엘리베이터는 깨끗하게 관리되어 있는가?

✓ 02. 입구, 복도
□ 유모차 이동이 자유로운가?
□ 복도식 구조일 경우, 복도 샷시가 있는가?

✓ 03. 현관 신발장
□ 현관문은 상태가 양호한가?
□ 신발장은 수납을 충분히 할 정도로 넉넉한가?
□ 키높이 신발장인가?

✓ 04. 거실
□ 전등을 껐을 때도 햇빛이 잘 드는가?
□ 밖에 집 안을 가리는 건물이나 나무가 없는가?
□ 창문을 열었을 때, 매연이나 주변 소음이 들어오지 않는가?
□ TV와 소파를 놓을 공간은 어디인가?

✓ 05. 방
□ 안방은 3M(10자) 장롱이 들어갈 수 있는 크기인가?
□ 침대 위치나 크기가 방에 적당한가?
□ 작은 방에는 옷장, 컴퓨터 책상이 들어가는가?
□ 장롱 뒤편에 곰팡이는 없는가?

✓ 06. 층간소음
□ 층간 소음이 심한가?

✓ 07. 샷시
□ 샷시 문은 잘 여닫히는가?
□ 방 샷시는 이중으로 되어 있는가? 샷시의 재질은 적합한가?
□ 베란다 샷시는 양호한가?
□ 보일러실 샷시는 환기구와 겹치는 부분이 잘 마무리되었는가?

✓ 08. 베란다, 다용도실, 보일러실
□ 세탁기 위치, 크기, 상하수도 설비가 양호한가?
□ 수납장은 충분한가?
□ 확장된 곳의 바닥 난방은 되는가?
□ 결로, 곰팡이, 누수가 있지 않은가?
□ 보일러 연식이 10년이 넘었는가?

✓ 09. 주방
□ 싱크대 크기, 수납공간은 적당한가?
□ 후드는 잘 작동되는가?
□ 싱크대 수압은 적당한가?
□ 냉장고 자리, 크기, 콘센트는 적당한 위치에 있는가?
□ 식탁을 놓을 공간이 있는가?

✓ 10. 욕실
□ 욕조가 있는가?
□ 세변대, 변기 상태는 양호한가?
□ 환풍기는 잘 작동되는가?

✓ 11. 학교 및 편의시설 여부
□ 초, 중, 고, 대학교가 주변에 있는가?
□ 마트, 병원, 도서관등이 주변에 있는가?
□ 대중교통이 근접한가?

명함 & 전화번호부

임장노트

날짜 | 년   월   일   거래 | ☐ 매매   ☐ 전세   ☐ 월세

관심지역	실거래가	관리비
물건명	매매가	취득세
준공년월	전세가	중개수수료
평수	보증금·월세	양도세

호가 _____

입주가능일 _____

방·욕실수 _____

현관구조 _____

최저·최고층 _____

주차대수 _____

배정학교 _____

방향 _____

지역 호재 및 악재

호재·장점

악재·단점

MEMO

구매하기 전 반드시 확인해야 할
아파트 체크리스트

✓ 01. 외부
☐ 아파트 입구 출입이 편리한가?
☐ 주차장은 충분한가?
☐ 엘리베이터는 깨끗하게 관리되어 있는가?

✓ 02. 입구, 복도
☐ 유모차 이동이 자유로운가?
☐ 복도식 구조일 경우, 복도 샷시가 있는가?

✓ 03. 현관 신발장
☐ 현관문은 상태가 양호한가?
☐ 신발장은 수납을 충분히 할 정도로 넉넉한가?
☐ 키높이 신발장인가?

✓ 04. 거실
☐ 전등을 껐을 때도 햇빛이 잘 드는가?
☐ 밖에 집 안을 가리는 건물이나 나무가 없는가?
☐ 창문을 열었을 때, 매연이나 주변 소음이 들어오지 않는가?
☐ TV와 소파를 놓을 공간은 어디인가?

✓ 05. 방
☐ 안방은 3M(10자) 장롱이 들어갈 수 있는 크기인가?
☐ 침대 위치나 크기가 방에 적당한가?
☐ 작은 방에는 옷장, 컴퓨터 책상이 들어가는가?
☐ 장롱 뒤편에 곰팡이는 없는가?

✓ 06. 층간소음
☐ 층간 소음이 심한가?

✓ 07. 샷시
☐ 샷시 문은 잘 여닫히는가?
☐ 방 샷시는 이중으로 되어 있는가? 샷시의 재질은 적합한가?
☐ 베란다 샷시는 양호한가?
☐ 보일러실 샷시는 환기구와 겹치는 부분이 잘 마무리되었는가?

✓ 08. 베란다, 다용도실, 보일러실
☐ 세탁기 위치, 크기, 상하수도 설비가 양호한가?
☐ 수납장은 충분한가?
☐ 확장된 곳의 바닥 난방은 되는가?
☐ 결로, 곰팡이, 누수가 있지 않은가?
☐ 보일러 연식이 10년이 넘었는가?

✓ 09. 주방
☐ 싱크대 크기, 수납공간은 적당한가?
☐ 후드는 잘 작동되는가?
☐ 싱크대 수압은 적당한가?
☐ 냉장고 자리, 크기, 콘센트는 적당한 위치에 있는가?
☐ 식탁을 놓을 공간이 있는가?

✓ 10. 욕실
☐ 욕조가 있는가?
☐ 세면대, 변기 상태는 양호한가?
☐ 환풍기는 잘 작동되는가?

✓ 11. 학교 및 편의시설 여부
☐ 초, 중, 고, 대학교가 주변에 있는가?
☐ 마트, 병원, 도서관등이 주변에 있는가?
☐ 대중교통이 근접한가?

명함 & 전화번호부

임장노트

날짜 |　　년　　월　　일　　　　　거래 | □ 매매　□ 전세　□ 월세

관심지역 ＿＿＿＿＿＿　　실거래가 ＿＿＿＿＿＿　　관리비 ＿＿＿＿＿＿

물건명 ＿＿＿＿＿＿　　매매가 ＿＿＿＿＿＿　　취득세 ＿＿＿＿＿＿

준공년월 ＿＿＿＿＿＿　　전세가 ＿＿＿＿＿＿　　중개수수료 ＿＿＿＿＿＿

평수 ＿＿＿＿＿＿　　보증금·월세 ＿＿＿＿＿＿　　양도세 ＿＿＿＿＿＿

호가 ＿＿＿＿＿＿

입주가능일 ＿＿＿＿＿＿

방·욕실수 ＿＿＿＿＿＿

현관구조 ＿＿＿＿＿＿

최저·최고층 ＿＿＿＿＿＿

주차대수 ＿＿＿＿＿＿

배정학교 ＿＿＿＿＿＿

방향 ＿＿＿＿＿＿

지역 호재 및 악재

호재·장점

악재·단점

MEMO

구매하기 전 반드시 확인해야 할
아파트 체크리스트

✓ **01. 외부**
- ☐ 아파트 입구 출입이 편리한가?
- ☐ 주차장은 충분한가?
- ☐ 엘리베이터는 깨끗하게 관리되어 있는가?

✓ **02. 입구, 복도**
- ☐ 유모차 이동이 자유로운가?
- ☐ 복도식 구조일 경우, 복도 샷시가 있는가?

✓ **03. 현관 신발장**
- ☐ 현관문은 상태가 양호한가?
- ☐ 신발장은 수납을 충분히 할 정도로 넉넉한가?
- ☐ 키높이 신발장인가?

✓ **04. 거실**
- ☐ 전등을 껐을 때도 햇빛이 잘 드는가?
- ☐ 밖에 집 안을 가리는 건물이나 나무가 없는가?
- ☐ 창문을 열었을 때, 매연이나 주변 소음이 들어오지 않는가?
- ☐ TV와 소파를 놓을 공간은 어디인가?

✓ **05. 방**
- ☐ 안방은 3M(10자) 장롱이 들어갈 수 있는 크기인가?
- ☐ 침대 위치나 크기가 방에 적당한가?
- ☐ 작은 방에는 옷장, 컴퓨터 책상이 들어가는가?
- ☐ 장롱 뒤편에 곰팡이는 없는가?

✓ **06. 층간소음**
- ☐ 층간 소음이 심한가?

✓ **07. 샷시**
- ☐ 샷시 문은 잘 여닫히는가?
- ☐ 방 샷시는 이중으로 되어 있는가? 샷시의 재질은 적합한가?
- ☐ 베란다 샷시는 양호한가?
- ☐ 보일러실 샷시는 환기구와 겹치는 부분이 잘 마무리되었는가?

✓ **08. 베란다, 다용도실, 보일러실**
- ☐ 세탁기 위치, 크기, 상하수도 설비가 양호한가?
- ☐ 수납장은 충분한가?
- ☐ 확장된 곳의 바닥 난방은 되는가?
- ☐ 결로, 곰팡이, 누수가 있지 않은가?
- ☐ 보일러 연식이 10년이 넘었는가?

✓ **09. 주방**
- ☐ 싱크대 크기, 수납공간은 적당한가?
- ☐ 후드는 잘 작동되는가?
- ☐ 싱크대 수압은 적당한가?
- ☐ 냉장고 자리, 크기, 콘센트는 적당한 위치에 있는가?
- ☐ 식탁을 놓을 공간이 있는가?

✓ **10. 욕실**
- ☐ 욕조가 있는가?
- ☐ 세변대, 변기 상태는 양호한가?
- ☐ 환풍기는 잘 작동되는가?

✓ **11. 학교 및 편의시설 여부**
- ☐ 초, 중, 고, 대학교가 주변에 있는가?
- ☐ 마트, 병원, 도서관등이 주변에 있는가?
- ☐ 대중교통이 근접한가?

명함 & 전화번호부

임장노트

날짜 |　　　년　　　월　　　일　　　　거래 | □ 매매　□ 전세　□ 월세

관심지역	_____	실거래가	_____	관리비	_____
물건명	_____	매매가	_____	취득세	_____
준공년월	_____	전세가	_____	중개수수료	_____
평수	_____	보증금·월세	_____	양도세	_____

호가	_____
입주가능일	_____
방·욕실수	_____
현관구조	_____
최저·최고층	_____
주차대수	_____
배정학교	_____
방향	_____

지역 호재 및 악재

호재·장점

악재·단점

MEMO

아파트 체크리스트

✓ **01. 외부**
☐ 아파트 입구 출입이 편리한가?
☐ 주차장은 충분한가?
☐ 엘리베이터는 깨끗하게 관리되어 있는가?

✓ **02. 입구, 복도**
☐ 유모차 이동이 자유로운가?
☐ 복도식 구조일 경우, 복도 샷시가 있는가?

✓ **03. 현관 신발장**
☐ 현관문은 상태가 양호한가?
☐ 신발장은 수납을 충분히 할 정도로 넉넉한가?
☐ 키높이 신발장인가?

✓ **04. 거실**
☐ 전등을 껐을 때 햇빛이 잘 드는가?
☐ 밖에 집 안을 가리는 건물이나 나무가 없는가?
☐ 창문을 열었을 때, 매연이나 주변 소음이 들어오지 않는가?
☐ TV와 소파를 놓을 공간은 어디인가?

✓ **05. 방**
☐ 안방은 3M(10자) 장롱이 들어갈 수 있는 크기인가?
☐ 침대 위치나 크기가 방에 적당한가?
☐ 작은 방에는 옷장, 컴퓨터 책상이 들어가는가?
☐ 장롱 뒤편에 곰팡이는 없는가?

✓ **06. 층간소음**
☐ 층간 소음이 심한가?

✓ **07. 샷시**
☐ 샷시 문은 잘 여닫히는가?
☐ 방 샷시는 이중으로 되어 있는가? 샷시의 재질은 적합한가?
☐ 베란다 샷시는 양호한가?
☐ 보일러실 샷시는 환기구와 겹치는 부분이 잘 마무리되었는가?

✓ **08. 베란다, 다용도실, 보일러실**
☐ 세탁기 위치, 크기, 상하수도 설비가 양호한가?
☐ 수납장은 충분한가?
☐ 확장된 곳의 바닥 난방은 되는가?
☐ 결로, 곰팡이, 누수가 있지 않은가?
☐ 보일러 연식이 10년이 넘었는가?

✓ **09. 주방**
☐ 싱크대 크기, 수납공간은 적당한가?
☐ 후드는 잘 작동되는가?
☐ 싱크대 수압은 적당한가?
☐ 냉장고 자리, 크기, 콘센트는 적당한 위치에 있는가?
☐ 식탁을 놓을 공간이 있는가?

✓ **10. 욕실**
☐ 욕조가 있는가?
☐ 세변대, 변기 상태는 양호한가?
☐ 환풍기는 잘 작동되는가?

✓ **11. 학교 및 편의시설 여부**
☐ 초, 중, 고, 대학교가 주변에 있는가?
☐ 마트, 병원, 도서관등이 주변에 있는가?
☐ 대중교통이 근접한가?

명함 & 전화번호부

임장노트

날짜 |　　　년　　　월　　　일　　　　거래 | □ 매매　□ 전세　□ 월세

관심지역 _____

물건명 _____

준공년월 _____

평수 _____

실거래가 _____

매매가 _____

전세가 _____

보증금·월세 _____

관리비 _____

취득세 _____

중개수수료 _____

양도세 _____

호가 _____

입주가능일 _____

방·욕실수 _____

현관구조 _____

최저·최고층 _____

주차대수 _____

배정학교 _____

방향 _____

지역 호재 및 악재

호재·장점

악재·단점

MEMO

구매하기 전 반드시 확인해야 할
아파트 체크리스트

✓ 01. 외부
☐ 아파트 입구 출입이 편리한가?
☐ 주차장은 충분한가?
☐ 엘리베이터는 깨끗하게 관리되어 있는가?

✓ 02. 입구, 복도
☐ 유모차 이동이 자유로운가?
☐ 복도식 구조일 경우, 복도 샷시가 있는가?

✓ 03. 현관 신발장
☐ 현관문은 상태가 양호한가?
☐ 신발장은 수납을 충분히 할 정도로 넉넉한가?
☐ 키높이 신발장인가?

✓ 04. 거실
☐ 전등을 껐을 때도 햇빛이 잘 드는가?
☐ 밖에 집 안을 가리는 건물이나 나무가 없는가?
☐ 창문을 열었을 때, 매연이나 주변 소음이 들어오지 않는가?
☐ TV와 소파를 놓을 공간은 어디인가?

✓ 05. 방
☐ 안방은 3M(10자) 장롱이 들어갈 수 있는 크기인가?
☐ 침대 위치나 크기가 방에 적당한가?
☐ 작은 방에는 옷장, 컴퓨터 책상이 들어가는가?
☐ 장롱 뒤편에 곰팡이는 없는가?

✓ 06. 층간소음
☐ 층간 소음이 심한가?

✓ 07. 샷시
☐ 샷시 문은 잘 여닫히는가?
☐ 방 샷시는 이중으로 되어 있는가? 샷시의 재질은 적합한가?
☐ 베란다 샷시는 양호한가?
☐ 보일러실 샷시는 환기구와 겹치는 부분이 잘 마무리되었는가?

✓ 08. 베란다, 다용도실, 보일러실
☐ 세탁기 위치, 크기, 상하수도 설비가 양호한가?
☐ 수납장은 충분한가?
☐ 확장된 곳의 바닥 난방은 되는가?
☐ 결로, 곰팡이, 누수가 있지 않은가?
☐ 보일러 연식이 10년이 넘었는가?

✓ 09. 주방
☐ 싱크대 크기, 수납공간은 적당한가?
☐ 후드는 잘 작동되는가?
☐ 싱크대 수압은 적당한가?
☐ 냉장고 자리, 크기, 콘센트는 적당한 위치에 있는가?
☐ 식탁을 놓을 공간이 있는가?

✓ 10. 욕실
☐ 욕조가 있는가?
☐ 세면대, 변기 상태는 양호한가?
☐ 환풍기는 잘 작동되는가?

✓ 11. 학교 및 편의시설 여부
☐ 초, 중, 고, 대학교가 주변에 있는가?
☐ 마트, 병원, 도서관등이 주변에 있는가?
☐ 대중교통이 근접한가?

명함 & 전화번호부

임장노트

날짜 |　　 년　　 월　　 일　　　　　　거래 | □ 매매 □ 전세 □ 월세

관심지역 _____

물건명 _____

준공년월 _____

평수 _____

실거래가 _____

매매가 _____

전세가 _____

보증금·월세 _____

관리비 _____

취득세 _____

중개수수료 _____

양도세 _____

호가 _____

입주가능일 _____

방·욕실수 _____

현관구조 _____

최저·최고층 _____

주차대수 _____

배정학교 _____

방향 _____

지역 호재 및 악재

호재·장점

악재·단점

MEMO

구매하기 전 반드시 확인해야 할
아파트 체크리스트

✓ **01. 외부**
☐ 아파트 입구 출입이 편리한가?
☐ 주차장은 충분한가?
☐ 엘리베이터는 깨끗하게 관리되어 있는가?

✓ **02. 입구, 복도**
☐ 유모차 이동이 자유로운가?
☐ 복도식 구조일 경우, 복도 샷시가 있는가?

✓ **03. 현관 신발장**
☐ 현관문은 상태가 양호한가?
☐ 신발장은 수납을 충분히 할 정도로 넉넉한가?
☐ 키높이 신발장인가?

✓ **04. 거실**
☐ 전등을 껐을 때도 햇빛이 잘 드는가?
☐ 밖에 집 안을 가리는 건물이나 나무가 없는가?
☐ 창문을 열었을 때, 매연이나 주변 소음이 들어오지 않는가?
☐ TV와 소파를 놓을 공간은 어디인가?

✓ **05. 방**
☐ 안방은 3M(10자) 장롱이 들어갈 수 있는 크기인가?
☐ 침대 위치나 크기가 방에 적당한가?
☐ 작은 방에는 옷장, 컴퓨터 책상이 들어가는가?
☐ 장롱 뒤편에 곰팡이는 없는가?

✓ **06. 층간소음**
☐ 층간 소음이 심한가?

✓ **07. 샷시**
☐ 샷시 문은 잘 여닫히는가?
☐ 방 샷시는 이중으로 되어 있는가? 샷시의 재질은 적합한가?
☐ 베란다 샷시는 양호한가?
☐ 보일러실 샷시는 환기구와 겹치는 부분이 잘 마무리되었는가?

✓ **08. 베란다, 다용도실, 보일러실**
☐ 세탁기 위치, 크기, 상하수도 설비가 양호한가?
☐ 수납장은 충분한가?
☐ 확장된 곳의 바닥 난방은 되는가?
☐ 결로, 곰팡이, 누수가 있지 않은가?
☐ 보일러 연식이 10년이 넘었는가?

✓ **09. 주방**
☐ 싱크대 크기, 수납공간은 적당한가?
☐ 후드는 잘 작동되는가?
☐ 싱크대 수압은 적당한가?
☐ 냉장고 자리, 크기, 콘센트는 적당한 위치에 있는가?
☐ 식탁을 놓을 공간이 있는가?

✓ **10. 욕실**
☐ 욕조가 있는가?
☐ 세면대, 변기 상태는 양호한가?
☐ 환풍기는 잘 작동되는가?

✓ **11. 학교 및 편의시설 여부**
☐ 초, 중, 고, 대학교가 주변에 있는가?
☐ 마트, 병원, 도서관등이 주변에 있는가?
☐ 대중교통이 근접한가?

명함 & 전화번호부

임장노트

날짜 | 년   월   일   거래 | □ 매매   □ 전세   □ 월세

관심지역 _____	실거래가 _____	관리비 _____
물건명 _____	매매가 _____	취득세 _____
준공년월 _____	전세가 _____	중개수수료 _____
평수 _____	보증금·월세 _____	양도세 _____

호가 _____

입주가능일 _____

방·욕실수 _____

현관구조 _____

최저·최고층 _____

주차대수 _____

배정학교 _____

방향 _____

지역 호재 및 악재

호재·장점

악재·단점

MEMO

구매하기 전 반드시 확인해야 할
아파트 체크리스트

✓ **01. 외부**
☐ 아파트 입구 출입이 편리한가?
☐ 주차장은 충분한가?
☐ 엘리베이터는 깨끗하게 관리되어 있는가?

✓ **02. 입구, 복도**
☐ 유모차 이동이 자유로운가?
☐ 복도식 구조일 경우, 복도 샷시가 있는가?

✓ **03. 현관 신발장**
☐ 현관문은 상태가 양호한가?
☐ 신발장은 수납을 충분히 할 정도로 넉넉한가?
☐ 키높이 신발장인가?

✓ **04. 거실**
☐ 전등을 껐을 때도 햇빛이 잘 드는가?
☐ 밖에 집 안을 가리는 건물이나 나무가 없는가?
☐ 창문을 열었을 때, 매연이나 주변 소음이 들어오지 않는가?
☐ TV와 소파를 놓을 공간은 어디인가?

✓ **05. 방**
☐ 안방은 3M(10자) 장롱이 들어갈 수 있는 크기인가?
☐ 침대 위치나 크기가 방에 적당한가?
☐ 작은 방에는 옷장, 컴퓨터 책상이 들어가는가?
☐ 장롱 뒤편에 곰팡이는 없는가?

✓ **06. 층간소음**
☐ 층간 소음이 심한가?

✓ **07. 샷시**
☐ 샷시 문은 잘 여닫히는가?
☐ 방 샷시는 이중으로 되어 있는가? 샷시의 재질은 적합한가?
☐ 베란다 샷시는 양호한가?
☐ 보일러실 샷시는 환기구와 겹치는 부분이 잘 마무리되었는가?

✓ **08. 베란다, 다용도실, 보일러실**
☐ 세탁기 위치, 크기, 상하수도 설비가 양호한가?
☐ 수납장은 충분한가?
☐ 확장된 곳의 바닥 난방은 되는가?
☐ 결로, 곰팡이, 누수가 있지 않은가?
☐ 보일러 연식이 10년이 넘었는가?

✓ **09. 주방**
☐ 싱크대 크기, 수납공간은 적당한가?
☐ 후드는 잘 작동되는가?
☐ 싱크대 수압은 적당한가?
☐ 냉장고 자리, 크기, 콘센트는 적당한 위치에 있는가?
☐ 식탁을 놓을 공간이 있는가?

✓ **10. 욕실**
☐ 욕조가 있는가?
☐ 세변대, 변기 상태는 양호한가?
☐ 환풍기는 잘 작동되는가?

✓ **11. 학교 및 편의시설 여부**
☐ 초, 중, 고, 대학교가 주변에 있는가?
☐ 마트, 병원, 도서관등이 주변에 있는가?
☐ 대중교통이 근접한가?

명함 & 전화번호부

임장노트

날짜 |　　년　　월　　일　　　　　거래 | □ 매매　□ 전세　□ 월세

관심지역 _____

물건명 _____

준공년월 _____

평수 _____

실거래가 _____

매매가 _____

전세가 _____

보증금·월세 _____

관리비 _____

취득세 _____

중개수수료 _____

양도세 _____

호가 _____

입주가능일 _____

방·욕실수 _____

현관구조 _____

최저·최고층 _____

주차대수 _____

배정학교 _____

방향 _____

지역 호재 및 악재

호재·장점

악재·단점

MEMO

구매하기 전 반드시 확인해야 할
아파트 체크리스트

✓ **01. 외부**
- ☐ 아파트 입구 출입이 편리한가?
- ☐ 주차장은 충분한가?
- ☐ 엘리베이터는 깨끗하게 관리되어 있는가?

✓ **02. 입구, 복도**
- ☐ 유모차 이동이 자유로운가?
- ☐ 복도식 구조일 경우, 복도 샷시가 있는가?

✓ **03. 현관 신발장**
- ☐ 현관문은 상태가 양호한가?
- ☐ 신발장은 수납을 충분히 할 정도로 넉넉한가?
- ☐ 키높이 신발장인가?

✓ **04. 거실**
- ☐ 전등을 껐을 때도 햇빛이 잘 드는가?
- ☐ 밖에 집 안을 가리는 건물이나 나무가 없는가?
- ☐ 창문을 열었을 때, 매연이나 주변 소음이 들어오지 않는가?
- ☐ TV와 소파를 놓을 공간은 어디인가?

✓ **05. 방**
- ☐ 안방은 3M(10자) 장롱이 들어갈 수 있는 크기인가?
- ☐ 침대 위치나 크기가 방에 적당한가?
- ☐ 작은 방에는 옷장, 컴퓨터 책상이 들어가는가?
- ☐ 장롱 뒤편에 곰팡이는 없는가?

✓ **06. 층간소음**
- ☐ 층간 소음이 심한가?

✓ **07. 샷시**
- ☐ 샷시 문은 잘 여닫히는가?
- ☐ 방 샷시는 이중으로 되어 있는가? 샷시의 재질은 적합한가?
- ☐ 베란다 샷시는 양호한가?
- ☐ 보일러실 샷시는 환기구와 겹치는 부분이 잘 마무리되었는가?

✓ **08. 베란다, 다용도실, 보일러실**
- ☐ 세탁기 위치, 크기, 상하수도 설비가 양호한가?
- ☐ 수납장은 충분한가?
- ☐ 확장된 곳의 바닥 난방은 되는가?
- ☐ 결로, 곰팡이, 누수가 있지 않은가?
- ☐ 보일러 연식이 10년이 넘었는가?

✓ **09. 주방**
- ☐ 싱크대 크기, 수납공간은 적당한가?
- ☐ 후드는 잘 작동되는가?
- ☐ 싱크대 수압은 적당한가?
- ☐ 냉장고 자리, 크기, 콘센트는 적당한 위치에 있는가?
- ☐ 식탁을 놓을 공간이 있는가?

✓ **10. 욕실**
- ☐ 욕조가 있는가?
- ☐ 세변대, 변기 상태는 양호한가?
- ☐ 환풍기는 잘 작동되는가?

✓ **11. 학교 및 편의시설 여부**
- ☐ 초, 중, 고, 대학교가 주변에 있는가?
- ☐ 마트, 병원, 도서관등이 주변에 있는가?
- ☐ 대중교통이 근접한가?

명함 & 전화번호부

임장노트

날짜 | 년   월   일   거래 | □ 매매   □ 전세   □ 월세

관심지역 _____   실거래가 _____   관리비 _____

물건명 _____   매매가 _____   취득세 _____

준공년월 _____   전세가 _____   중개수수료 _____

평수 _____   보증금·월세 _____   양도세 _____

호가 _____

입주가능일 _____

방·욕실수 _____

현관구조 _____

최저·최고층 _____

주차대수 _____

배정학교 _____

방향 _____

지역 호재 및 악재

호재·장점

악재·단점

MEMO

구매하기 전 반드시 확인해야 할
아파트 체크리스트

✓ **01. 외부**
☐ 아파트 입구 출입이 편리한가?
☐ 주차장은 충분한가?
☐ 엘리베이터는 깨끗하게 관리되어 있는가?

✓ **02. 입구, 복도**
☐ 유모차 이동이 자유로운가?
☐ 복도식 구조일 경우, 복도 샷시가 있는가?

✓ **03. 현관 신발장**
☐ 현관문은 상태가 양호한가?
☐ 신발장은 수납을 충분히 할 정도로 넉넉한가?
☐ 키높이 신발장인가?

✓ **04. 거실**
☐ 전등을 껐을 때도 햇빛이 잘 드는가?
☐ 밖에 집 안을 가리는 건물이나 나무가 없는가?
☐ 창문을 열었을 때, 매연이나 주변 소음이 들어오지 않는가?
☐ TV와 소파를 놓을 공간은 어디인가?

✓ **05. 방**
☐ 안방은 3M(10자) 장롱이 들어갈 수 있는 크기인가?
☐ 침대 위치나 크기가 방에 적당한가?
☐ 작은 방에는 옷장, 컴퓨터 책상이 들어가는가?
☐ 장롱 뒤편에 곰팡이는 없는가?

✓ **06. 층간소음**
☐ 층간 소음이 심한가?

✓ **07. 샷시**
☐ 샷시 문은 잘 여닫히는가?
☐ 방 샷시는 이중으로 되어 있는가? 샷시의 재질은 적합한가?
☐ 베란다 샷시는 양호한가?
☐ 보일러실 샷시는 환기구와 겹치는 부분이 잘 마무리되었는가?

✓ **08. 베란다, 다용도실, 보일러실**
☐ 세탁기 위치, 크기, 상하수도 설비가 양호한가?
☐ 수납장은 충분한가?
☐ 확장된 곳의 바닥 난방은 되는가?
☐ 결로, 곰팡이, 누수가 있지 않은가?
☐ 보일러 연식이 10년이 넘었는가?

✓ **09. 주방**
☐ 싱크대 크기, 수납공간은 적당한가?
☐ 후드는 잘 작동되는가?
☐ 싱크대 수압은 적당한가?
☐ 냉장고 자리, 크기, 콘센트는 적당한 위치에 있는가?
☐ 식탁을 놓을 공간이 있는가?

✓ **10. 욕실**
☐ 욕조가 있는가?
☐ 세변대, 변기 상태는 양호한가?
☐ 환풍기는 잘 작동되는가?

✓ **11. 학교 및 편의시설 여부**
☐ 초, 중, 고, 대학교가 주변에 있는가?
☐ 마트, 병원, 도서관등이 주변에 있는가?
☐ 대중교통이 근접한가?

명함 & 전화번호부

임장노트

날짜 |　　　년　　　월　　　일　　　　　거래 | □ 매매　□ 전세　□ 월세

관심지역 ＿＿＿＿＿　　실거래가 ＿＿＿＿＿　　관리비 ＿＿＿＿＿

물건명 ＿＿＿＿＿　　매매가 ＿＿＿＿＿　　취득세 ＿＿＿＿＿

준공년월 ＿＿＿＿＿　　전세가 ＿＿＿＿＿　　중개수수료 ＿＿＿＿＿

평수 ＿＿＿＿＿　　보증금·월세 ＿＿＿＿＿　　양도세 ＿＿＿＿＿

호가 ＿＿＿＿＿

입주가능일 ＿＿＿＿＿

방·욕실수 ＿＿＿＿＿

현관구조 ＿＿＿＿＿

최저·최고층 ＿＿＿＿＿

주차대수 ＿＿＿＿＿

배정학교 ＿＿＿＿＿

방향 ＿＿＿＿＿

지역 호재 및 악재

호재·장점

악재·단점

MEMO

구매하기 전 반드시 확인해야 할
아파트 체크리스트

✓ **01. 외부**
- ☐ 아파트 입구 출입이 편리한가?
- ☐ 주차장은 충분한가?
- ☐ 엘리베이터는 깨끗하게 관리되어 있는가?

✓ **02. 입구, 복도**
- ☐ 유모차 이동이 자유로운가?
- ☐ 복도식 구조일 경우, 복도 샷시가 있는가?

✓ **03. 현관 신발장**
- ☐ 현관문은 상태가 양호한가?
- ☐ 신발장은 수납을 충분히 할 정도로 넉넉한가?
- ☐ 키높이 신발장인가?

✓ **04. 거실**
- ☐ 전등을 껐을 때도 햇빛이 잘 드는가?
- ☐ 밖에 집 안을 가리는 건물이나 나무가 없는가?
- ☐ 창문을 열었을 때, 매연이나 주변 소음이 들어오지 않는가?
- ☐ TV와 소파를 놓을 공간은 어디인가?

✓ **05. 방**
- ☐ 안방은 3M(10자) 장롱이 들어갈 수 있는 크기인가?
- ☐ 침대 위치나 크기가 방에 적당한가?
- ☐ 작은 방에는 옷장, 컴퓨터 책상이 들어가는가?
- ☐ 장롱 뒤편에 곰팡이는 없는가?

✓ **06. 층간소음**
- ☐ 층간 소음이 심한가?

✓ **07. 샷시**
- ☐ 샷시 문은 잘 여닫히는가?
- ☐ 방 샷시는 이중으로 되어 있는가? 샷시의 재질은 적합한가?
- ☐ 베란다 샷시는 양호한가?
- ☐ 보일러실 샷시는 환기구와 겹치는 부분이 잘 마무리되었는가?

✓ **08. 베란다, 다용도실, 보일러실**
- ☐ 세탁기 위치, 크기, 상하수도 설비가 양호한가?
- ☐ 수납장은 충분한가?
- ☐ 확장된 곳의 바닥 난방은 되는가?
- ☐ 결로, 곰팡이, 누수가 있지 않은가?
- ☐ 보일러 연식이 10년이 넘었는가?

✓ **09. 주방**
- ☐ 싱크대 크기, 수납공간은 적당한가?
- ☐ 후드는 잘 작동되는가?
- ☐ 싱크대 수압은 적당한가?
- ☐ 냉장고 자리, 크기, 콘센트는 적당한 위치에 있는가?
- ☐ 식탁을 놓을 공간이 있는가?

✓ **10. 욕실**
- ☐ 욕조가 있는가?
- ☐ 세면대, 변기 상태는 양호한가?
- ☐ 환풍기는 잘 작동되는가?

✓ **11. 학교 및 편의시설 여부**
- ☐ 초, 중, 고, 대학교가 주변에 있는가?
- ☐ 마트, 병원, 도서관등이 주변에 있는가?
- ☐ 대중교통이 근접한가?

명함 & 전화번호부

임장노트

날짜 | 년 월 일   **거래 |** □ 매매 □ 전세 □ 월세

관심지역 _____

물건명 _____

준공년월 _____

평수 _____

실거래가 _____

매매가 _____

전세가 _____

보증금·월세 _____

관리비 _____

취득세 _____

중개수수료 _____

양도세 _____

호가 _____

입주가능일 _____

방·욕실수 _____

현관구조 _____

최저·최고층 _____

주차대수 _____

배정학교 _____

방향 _____

지역 호재 및 악재

호재·장점

악재·단점

MEMO

아파트 체크리스트

✓ 01. 외부
☐ 아파트 입구 출입이 편리한가?
☐ 주차장은 충분한가?
☐ 엘리베이터는 깨끗하게 관리되어 있는가?

✓ 02. 입구, 복도
☐ 유모차 이동이 자유로운가?
☐ 복도식 구조일 경우, 복도 샷시가 있는가?

✓ 03. 현관 신발장
☐ 현관문은 상태가 양호한가?
☐ 신발장은 수납을 충분히 할 정도로 넉넉한가?
☐ 키높이 신발장인가?

✓ 04. 거실
☐ 전등을 껐을 때도 햇빛이 잘 드는가?
☐ 밖에 집 안을 가리는 건물이나 나무가 없는가?
☐ 창문을 열었을 때, 매연이나 주변 소음이 들어오지 않는가?
☐ TV와 소파를 놓을 공간은 어디인가?

✓ 05. 방
☐ 안방은 3M(10자) 장롱이 들어갈 수 있는 크기인가?
☐ 침대 위치나 크기가 방에 적당한가?
☐ 작은 방에는 옷장, 컴퓨터 책상이 들어가는가?
☐ 장롱 뒤편에 곰팡이는 없는가?

✓ 06. 층간소음
☐ 층간 소음이 심한가?

✓ 07. 샷시
☐ 샷시 문은 잘 여닫히는가?
☐ 방 샷시는 이중으로 되어 있는가? 샷시의 재질은 적합한가?
☐ 베란다 샷시는 양호한가?
☐ 보일러실 샷시는 환기구와 겹치는 부분이 잘 마무리되었는가?

✓ 08. 베란다, 다용도실, 보일러실
☐ 세탁기 위치, 크기, 상하수도 설비가 양호한가?
☐ 수납장은 충분한가?
☐ 확장된 곳의 바닥 난방은 되는가?
☐ 결로, 곰팡이, 누수가 있지 않은가?
☐ 보일러 연식이 10년이 넘었는가?

✓ 09. 주방
☐ 싱크대 크기, 수납공간은 적당한가?
☐ 후드는 잘 작동되는가?
☐ 싱크대 수압은 적당한가?
☐ 냉장고 자리, 크기, 콘센트는 적당한 위치에 있는가?
☐ 식탁을 놓을 공간이 있는가?

✓ 10. 욕실
☐ 욕조가 있는가?
☐ 세면대, 변기 상태는 양호한가?
☐ 환풍기는 잘 작동되는가?

✓ 11. 학교 및 편의시설 여부
☐ 초, 중, 고, 대학교가 주변에 있는가?
☐ 마트, 병원, 도서관등이 주변에 있는가?
☐ 대중교통이 근접한가?

명함 & 전화번호부

임장노트

날짜 | 년   월   일   거래 | ☐ 매매   ☐ 전세   ☐ 월세

관심지역	_____	실거래가	_____	관리비	_____
물건명	_____	매매가	_____	취득세	_____
준공년월	_____	전세가	_____	중개수수료	_____
평수	_____	보증금·월세	_____	양도세	_____

호가	_____
입주가능일	_____
방·욕실수	_____
현관구조	_____
최저·최고층	_____
주차대수	_____
배정학교	_____
방향	_____

지역 호재 및 악재

호재·장점

악재·단점

MEMO

구매하기 전 반드시 확인해야 할
오피스텔 체크리스트

✓ **01. 역과의 거리**
☐ 근접역과의 소요시간을 확인했는가?

✓ **02. 연식**
☐ 준공년도가 10년이 넘었는가?

✓ **03. 주변의 공급물량**
☐ 주변 공급물량이 얼마나 있는지 확인했는가?

✓ **04. 주변의 빈 땅**
☐ 오피스텔 주변에 빈 땅이 있는가?

✓ **05. 주변 경쟁물건확인**
☐ 오피스텔 주변에 원룸이 있는가?
☐ 오피스텔 주변에 빌라가 있는가?
☐ 오피스텔 주변에 소형아파트가 있는가?
☐ 옆 건물과의 거리를 확인했는가?
☐ 채광 가능 여부를 확인했는가?
☐ 전망을 확인했는가?
☐ 베란다에서 호수, 산 등이 보이는가?

✓ **06. 입주시기 및 호재발현시기**
☐ 오피스텔 입주시기를 확인했는가?
☐ 오피스텔 기업입주시기가 서로 맞는가?
☐ 시차는 없었는가?

✓ **07. 수익률**
☐ 대출가능여부를 확인했는가?
☐ 주변지역 월세가를 확인했는가?
☐ 공실률은 확인했는가?
☐ 중도금은 무이자인지, 후불제인지 확인했는가?
☐ 세대수가 많은가?
☐ 커뮤니티 시설이 있는가?
☐ 원룸 / 1.5룸 / 투룸인지 확인했는가?
☐ 교통 편의성이 좋은가?

명함 & 전화번호부

임장노트

날짜 |　　　년　　　월　　　일　　　　　거래 | □ 매매　□ 전세　□ 월세

관심지역 _____　　실거래가 _____　　관리비 _____

물건명 _____　　매매가 _____　　취득세 _____

준공년월 _____　　전세가 _____　　중개수수료 _____

평수 _____　　보증금·월세 _____　　양도세 _____

호가 _____

입주가능일 _____

방·욕실수 _____

현관구조 _____

최저·최고층 _____

주차대수 _____

배정학교 _____

방향 _____

지역 호재 및 악재

호재·장점

악재·단점

MEMO

구매하기 전 반드시 확인해야 할
오피스텔 체크리스트

✓ 01. 역과의 거리
□ 근접역과의 소요시간을 확인했는가?

✓ 02. 연식
□ 준공년도가 10년이 넘었는가?

✓ 03. 주변의 공급물량
□ 주변 공급물량이 얼마나 있는지 확인했는가?

✓ 04. 주변의 빈 땅
□ 오피스텔 주변에 빈 땅이 있는가?

✓ 05. 주변 경쟁물건확인
□ 오피스텔 주변에 원룸이 있는가?
□ 오피스텔 주변에 빌라가 있는가?
□ 오피스텔 주변에 소형아파트가 있는가?
□ 옆 건물과의 거리를 확인했는가?
□ 채광 가능 여부를 확인했는가?
□ 전망을 확인했는가?
□ 베란다에서 호수, 산 등이 보이는가?

✓ 06. 입주시기 및 호재발현시기
□ 오피스텔 입주시기를 확인했는가?
□ 오피스텔 기업입주시기가 서로 맞는가?
□ 시차는 없었는가?

✓ 07. 수익률
□ 대출가능여부를 확인했는가?
□ 주변지역 월세가를 확인했는가?
□ 공실률은 확인하는가?
□ 중도금은 무이자인지, 후불제인지 확인했는가?
□ 세대수가 많은가?
□ 커뮤니티 시설이 있는가?
□ 원룸 / 1.5룸 / 투룸인지 확인했는가?
□ 교통 편의성이 좋은가?

명함 & 전화번호부

임장노트

날짜 |　　년　　월　　일　　　거래 | □ 매매　□ 전세　□ 월세

관심지역 _____　　실거래가 _____　　관리비 _____

물건명 _____　　매매가 _____　　취득세 _____

준공년월 _____　　전세가 _____　　중개수수료 _____

평수 _____　　보증금 · 월세 _____　　양도세 _____

호가 _____

입주가능일 _____

방 · 욕실수 _____

현관구조 _____

최저 · 최고층 _____

주차대수 _____

배정학교 _____

방향 _____

지역 호재 및 악재

호재 · 장점

악재 · 단점

MEMO

구매하기 전 반드시 확인해야 할
오피스텔 체크리스트

✓ 01. 역과의 거리
☐ 근접역과의 소요시간을 확인했는가?

✓ 02. 연식
☐ 준공년도가 10년이 넘었는가?

✓ 03. 주변의 공급물량
☐ 주변 공급물량이 얼마나 있는지 확인했는가?

✓ 04. 주변의 빈 땅
☐ 오피스텔 주변에 빈 땅이 있는가?

✓ 05. 주변 경쟁물건확인
☐ 오피스텔 주변에 원룸이 있는가?
☐ 오피스텔 주변에 빌라가 있는가?
☐ 오피스텔 주변에 소형아파트가 있는가?
☐ 옆 건물과의 거리를 확인했는가?
☐ 채광 가능 여부를 확인했는가?
☐ 전망을 확인했는가?
☐ 베란다에서 호수, 산 등이 보이는가?

✓ 06. 입주시기 및 호재발현시기
☐ 오피스텔 입주시기를 확인했는가?
☐ 오피스텔 기업입주시기가 서로 맞는가?
☐ 시차는 없었는가?

✓ 07. 수익률
☐ 대출가능여부를 확인했는가?
☐ 주변지역 월세가를 확인했는가?
☐ 공실률은 확인했는가?
☐ 중도금은 무이자인지, 후불제인지 확인했는가?
☐ 세대수가 많은가?
☐ 커뮤니티 시설이 있는가?
☐ 원룸 / 1.5룸 / 투룸인지 확인했는가?
☐ 교통 편의성이 좋은가?

명함 & 전화번호부

임장노트

날짜 | 년   월   일   거래 | □ 매매 □ 전세 □ 월세

관심지역		실거래가		관리비	
물건명		매매가		취득세	
준공년월		전세가		중개수수료	
평수		보증금·월세		양도세	

호가	
입주가능일	
방·욕실수	
현관구조	
최저·최고층	
주차대수	
배정학교	
방향	

지역 호재 및 악재

호재·장점

악재·단점

MEMO

구매하기 전 반드시 확인해야 할
오피스텔 체크리스트

✓ **01. 역과의 거리**
☐ 근접역과의 소요시간을 확인했는가?

✓ **02. 연식**
☐ 준공년도가 10년이 넘었는가?

✓ **03. 주변의 공급물량**
☐ 주변 공급물량이 얼마나 있는지 확인했는가?

✓ **04. 주변의 빈 땅**
☐ 오피스텔 주변에 빈 땅이 있는가?

✓ **05. 주변 경쟁물건확인**
☐ 오피스텔 주변에 원룸이 있는가?
☐ 오피스텔 주변에 빌라가 있는가?
☐ 오피스텔 주변에 소형아파트가 있는가?
☐ 옆 건물과의 거리를 확인했는가?
☐ 채광 가능 여부를 확인했는가?
☐ 전망을 확인했는가?
☐ 베란다에서 호수, 산 등이 보이는가?

✓ **06. 입주시기 및 호재발현시기**
☐ 오피스텔 입주시기를 확인했는가?
☐ 오피스텔 기업입주시기가 서로 맞는가?
☐ 시차는 없었는가?

✓ **07. 수익률**
☐ 대출가능여부를 확인했는가?
☐ 주변지역 월세가를 확인했는가?
☐ 공실률은 확인했는가?
☐ 중도금은 무이자인지, 후불제인지 확인했는가?
☐ 세대수가 많은가?
☐ 커뮤니티 시설이 있는가?
☐ 원룸 / 1.5룸 / 투룸인지 확인했는가?
☐ 교통 편의성이 좋은가?

명함 & 전화번호부

임장노트

날짜 | 년   월   일   거래 | ☐ 매매 ☐ 전세 ☐ 월세

관심지역	____	실거래가	____	관리비	____
물건명	____	매매가	____	취득세	____
준공년월	____	전세가	____	중개수수료	____
평수	____	보증금·월세	____	양도세	____

호가	____
입주가능일	____
방·욕실수	____
현관구조	____
최저·최고층	____
주차대수	____
배정학교	____
방향	____

지역 호재 및 악재

호재·장점

악재·단점

MEMO

오피스텔 체크리스트

✓ **01. 역과의 거리**
□ 근접역과의 소요시간을 확인했는가?

✓ **02. 연식**
□ 준공년도가 10년이 넘었는가?

✓ **03. 주변의 공급물량**
□ 주변 공급물량이 얼마나 있는지 확인했는가?

✓ **04. 주변의 빈 땅**
□ 오피스텔 주변에 빈 땅이 있는가?

✓ **05. 주변 경쟁물건확인**
□ 오피스텔 주변에 원룸이 있는가?
□ 오피스텔 주변에 빌라가 있는가?
□ 오피스텔 주변에 소형아파트가 있는가?
□ 옆 건물과의 거리를 확인했는가?
□ 채광 가능 여부를 확인했는가?
□ 전망을 확인했는가?
□ 베란다에서 호수, 산 등이 보이는가?

✓ **06. 입주시기 및 호재발현시기**
□ 오피스텔 입주시기를 확인했는가?
□ 오피스텔 기업입주시기가 서로 맞는가?
□ 시차는 없었는가?

✓ **07. 수익률**
□ 대출가능여부를 확인했는가?
□ 주변지역 월세가를 확인했는가?
□ 공실률은 확인했는가?
□ 중도금은 무이자인지, 후불제인지 확인했는가?
□ 세대수가 많은가?
□ 커뮤니티 시설이 있는가?
□ 원룸 / 1.5룸 / 투룸인지 확인했는가?
□ 교통 편의성이 좋은가?

명함 & 전화번호부

임장노트

날짜 | 년   월   일   거래 | ☐ 매매 ☐ 전세 ☐ 월세

관심지역 _____

물건명 _____

준공년월 _____

평수 _____

실거래가 _____

매매가 _____

전세가 _____

보증금·월세 _____

관리비 _____

취득세 _____

중개수수료 _____

양도세 _____

호가 _____

입주가능일 _____

방·욕실수 _____

현관구조 _____

최저·최고층 _____

주차대수 _____

배정학교 _____

방향 _____

지역 호재 및 악재

호재·장점

악재·단점

MEMO

구매하기 전 반드시 확인해야 할
오피스텔 체크리스트

✓ **01. 역과의 거리**
☐ 근접역과의 소요시간을 확인했는가?

✓ **02. 연식**
☐ 준공년도가 10년이 넘었는가?

✓ **03. 주변의 공급물량**
☐ 주변 공급물량이 얼마나 있는지 확인했는가?

✓ **04. 주변의 빈 땅**
☐ 오피스텔 주변에 빈 땅이 있는가?

✓ **05. 주변 경쟁물건확인**
☐ 오피스텔 주변에 원룸이 있는가?
☐ 오피스텔 주변에 빌라가 있는가?
☐ 오피스텔 주변에 소형아파트가 있는가?
☐ 옆 건물과의 거리를 확인했는가?
☐ 채광 가능 여부를 확인했는가?
☐ 전망을 확인했는가?
☐ 베란다에서 호수, 산 등이 보이는가?

✓ **06. 입주시기 및 호재발현시기**
☐ 오피스텔 입주시기를 확인했는가?
☐ 오피스텔 기업입주시기가 서로 맞는가?
☐ 시차는 없었는가?

✓ **07. 수익률**
☐ 대출가능여부를 확인했는가?
☐ 주변지역 월세가를 확인했는가?
☐ 공실률은 확인했는가?
☐ 중도금은 무이자인지, 후불제인지 확인했는가?
☐ 세대수가 많은가?
☐ 커뮤니티 시설이 있는가?
☐ 원룸 / 1.5룸 / 투룸인지 확인했는가?
☐ 교통 편의성이 좋은가?

명함 & 전화번호부

임장노트

날짜 | 년   월   일   거래 | ☐ 매매 ☐ 전세 ☐ 월세

관심지역 _____   실거래가 _____   관리비 _____

물건명 _____   매매가 _____   취득세 _____

준공년월 _____   전세가 _____   중개수수료 _____

평수 _____   보증금·월세 _____   양도세 _____

호가 _____

입주가능일 _____

방·욕실수 _____

현관구조 _____

최저·최고층 _____

주차대수 _____

배정학교 _____

방향 _____

지역 호재 및 악재

호재·장점

악재·단점

MEMO

구매하기 전 반드시 확인해야 할
오피스텔 체크리스트

✓ 01. 역과의 거리
☐ 근접역과의 소요시간을 확인했는가?

✓ 02. 연식
☐ 준공년도가 10년이 넘었는가?

✓ 03. 주변의 공급물량
☐ 주변 공급물량이 얼마나 있는지 확인했는가?

✓ 04. 주변의 빈 땅
☐ 오피스텔 주변에 빈 땅이 있는가?

✓ 05. 주변 경쟁물건확인
☐ 오피스텔 주변에 원룸이 있는가?
☐ 오피스텔 주변에 빌라가 있는가?
☐ 오피스텔 주변에 소형아파트가 있는가?
☐ 옆 건물과의 거리를 확인했는가?
☐ 채광 가능 여부를 확인했는가?
☐ 전망을 확인했는가?
☐ 베란다에서 호수, 산 등이 보이는가?

✓ 06. 입주시기 및 호재발현시기
☐ 오피스텔 입주시기를 확인했는가?
☐ 오피스텔 기업입주시기가 서로 맞는가?
☐ 시차는 없었는가?

✓ 07. 수익률
☐ 대출가능여부를 확인했는가?
☐ 주변지역 월세가를 확인했는가?
☐ 공실률은 확인했는가?
☐ 중도금은 무이자인지, 후불제인지 확인했는가?
☐ 세대수가 많은가?
☐ 커뮤니티 시설이 있는가?
☐ 원룸 / 1.5룸 / 투룸인지 확인했는가?
☐ 교통 편의성이 좋은가?

명함 & 전화번호부

임장노트

날짜 |　　　년　　　월　　　일　　　　　거래 | □ 매매　□ 전세　□ 월세

관심지역 _____　　실거래가 _____　　관리비 _____

물건명 _____　　매매가 _____　　취득세 _____

준공년월 _____　　전세가 _____　　중개수수료 _____

평수 _____　　보증금·월세 _____　　양도세 _____

호가 _____

입주가능일 _____

방·욕실수 _____

현관구조 _____

최저·최고층 _____

주차대수 _____

배정학교 _____

방향 _____

지역 호재 및 악재

호재·장점

악재·단점

MEMO

구매하기 전 반드시 확인해야 할
오피스텔 체크리스트

✓ **01. 역과의 거리**
☐ 근접역과의 소요시간을 확인했는가?

✓ **02. 연식**
☐ 준공년도가 10년이 넘었는가?

✓ **03. 주변의 공급물량**
☐ 주변 공급물량이 얼마나 있는지 확인했는가?

✓ **04. 주변의 빈 땅**
☐ 오피스텔 주변에 빈 땅이 있는가?

✓ **05. 주변 경쟁물건확인**
☐ 오피스텔 주변에 원룸이 있는가?
☐ 오피스텔 주변에 빌라가 있는가?
☐ 오피스텔 주변에 소형아파트가 있는가?
☐ 옆 건물과의 거리를 확인했는가?
☐ 채광 가능 여부를 확인했는가?
☐ 전망을 확인했는가?
☐ 베란다에서 호수, 산 등이 보이는가?

✓ **06. 입주시기 및 호재발현시기**
☐ 오피스텔 입주시기를 확인했는가?
☐ 오피스텔 기업입주시기가 서로 맞는가?
☐ 시차는 없었는가?

✓ **07. 수익률**
☐ 대출가능여부를 확인했는가?
☐ 주변지역 월세가를 확인했는가?
☐ 공실률은 확인했는가?
☐ 중도금은 무이자인지, 후불제인지 확인했는가?
☐ 세대수가 많은가?
☐ 커뮤니티 시설이 있는가?
☐ 원룸 / 1.5룸 / 투룸인지 확인했는가?
☐ 교통 편의성이 좋은가?

명함 & 전화번호부

임장노트

날짜 |　　년　　월　　일　　　　거래 | ☐ 매매 ☐ 전세 ☐ 월세

관심지역 _____

물건명 _____

준공년월 _____

평수 _____

실거래가 _____

매매가 _____

전세가 _____

보증금·월세 _____

관리비 _____

취득세 _____

중개수수료 _____

양도세 _____

호가 _____

입주가능일 _____

방·욕실수 _____

현관구조 _____

최저·최고층 _____

주차대수 _____

배정학교 _____

방향 _____

지역 호재 및 악재

호재·장점

악재·단점

MEMO

구매하기 전 반드시 확인해야 할

오피스텔 체크리스트

✓ 01. 역과의 거리
☐ 근접역과의 소요시간을 확인했는가?

✓ 02. 연식
☐ 준공년도가 10년이 넘었는가?

✓ 03. 주변의 공급물량
☐ 주변 공급물량이 얼마나 있는지 확인했는가?

✓ 04. 주변의 빈 땅
☐ 오피스텔 주변에 빈 땅이 있는가?

✓ 05. 주변 경쟁물건확인
☐ 오피스텔 주변에 원룸이 있는가?
☐ 오피스텔 주변에 빌라가 있는가?
☐ 오피스텔 주변에 소형아파트가 있는가?
☐ 옆 건물과의 거리를 확인했는가?
☐ 채광 가능 여부를 확인했는가?
☐ 전망을 확인했는가?
☐ 베란다에서 호수, 산 등이 보이는가?

✓ 06. 입주시기 및 호재발현시기
☐ 오피스텔 입주시기를 확인했는가?
☐ 오피스텔 기업입주시기가 서로 맞는가?
☐ 시차는 없었는가?

✓ 07. 수익률
☐ 대출가능여부를 확인했는가?
☐ 주변지역 월세가를 확인했는가?
☐ 공실률은 확인했는가?
☐ 중도금은 무이자인지, 후불제인지 확인했는가?
☐ 세대수가 많은가?
☐ 커뮤니티 시설이 있는가?
☐ 원룸 / 1.5룸 / 투룸인지 확인했는가?
☐ 교통 편의성이 좋은가?

명함 & 전화번호부

임장노트

날짜 |　　년　　월　　일　　　　거래 | □ 매매　□ 전세　□ 월세

관심지역		실거래가		관리비	
물건명		매매가		취득세	
준공년월		전세가		중개수수료	
평수		보증금·월세		양도세	

호가	
입주가능일	
방·욕실수	
현관구조	
최저·최고층	
주차대수	
배정학교	
방향	

지역 호재 및 악재

호재·장점

악재·단점

MEMO

구매하기 전 반드시 확인해야 할
오피스텔 체크리스트

✓ **01. 역과의 거리**
☐ 근접역과의 소요시간을 확인했는가?

✓ **02. 연식**
☐ 준공년도가 10년이 넘었는가?

✓ **03. 주변의 공급물량**
☐ 주변 공급물량이 얼마나 있는지 확인했는가?

✓ **04. 주변의 빈 땅**
☐ 오피스텔 주변에 빈 땅이 있는가?

✓ **05. 주변 경쟁물건확인**
☐ 오피스텔 주변에 원룸이 있는가?
☐ 오피스텔 주변에 빌라가 있는가?
☐ 오피스텔 주변에 소형아파트가 있는가?
☐ 옆 건물과의 거리를 확인했는가?
☐ 채광 가능 여부를 확인했는가?
☐ 전망을 확인했는가?
☐ 베란다에서 호수, 산 등이 보이는가?

✓ **06. 입주시기 및 호재발현시기**
☐ 오피스텔 입주시기를 확인했는가?
☐ 오피스텔 기업입주시기가 서로 맞는가?
☐ 시차는 없었는가?

✓ **07. 수익률**
☐ 대출가능여부를 확인했는가?
☐ 주변지역 월세가를 확인했는가?
☐ 공실률은 확인했는가?
☐ 중도금은 무이자인지, 후불제인지 확인했는가?
☐ 세대수가 많은가?
☐ 커뮤니티 시설이 있는가?
☐ 원룸 / 1.5룸 / 투룸인지 확인했는가?
☐ 교통 편의성이 좋은가?

명함 & 전화번호부

임장노트

날짜 | 년 월 일   거래 | □ 매매 □ 전세 □ 월세

관심지역 _____   실거래가 _____   관리비 _____

물건명 _____   매매가 _____   취득세 _____

준공년월 _____   전세가 _____   중개수수료 _____

평수 _____   보증금・월세 _____   양도세 _____

호가 _____

입주가능일 _____

방・욕실수 _____

현관구조 _____

최저・최고층 _____

주차대수 _____

배정학교 _____

방향 _____

지역 호재 및 악재

호재・장점

악재・단점

MEMO

구매하기 전 반드시 확인해야 할
오피스텔 체크리스트

✓ 01. 역과의 거리
☐ 근접역과의 소요시간을 확인했는가?

✓ 02. 연식
☐ 준공년도가 10년이 넘었는가?

✓ 03. 주변의 공급물량
☐ 주변 공급물량이 얼마나 있는지 확인했는가?

✓ 04. 주변의 빈 땅
☐ 오피스텔 주변에 빈 땅이 있는가?

✓ 05. 주변 경쟁물건확인
☐ 오피스텔 주변에 원룸이 있는가?
☐ 오피스텔 주변에 빌라가 있는가?
☐ 오피스텔 주변에 소형아파트가 있는가?
☐ 옆 건물과의 거리를 확인했는가?
☐ 채광 가능 여부를 확인했는가?
☐ 전망을 확인했는가?
☐ 베란다에서 호수, 산 등이 보이는가?

✓ 06. 입주시기 및 호재발현시기
☐ 오피스텔 입주시기를 확인했는가?
☐ 오피스텔 기업입주시기가 서로 맞는가?
☐ 시차는 없었는가?

✓ 07. 수익률
☐ 대출가능여부를 확인했는가?
☐ 주변지역 월세가를 확인했는가?
☐ 공실률은 확인했는가?
☐ 중도금은 무이자인지, 후불제인지 확인했는가?
☐ 세대수가 많은가?
☐ 커뮤니티 시설이 있는가?
☐ 원룸 / 1.5룸 / 투룸인지 확인했는가?
☐ 교통 편의성이 좋은가?

명함 & 전화번호부

임장노트

날짜 | 년   월   일   거래 | ☐ 매매 ☐ 전세 ☐ 월세

관심지역	_____	실거래가	_____	관리비	_____
물건명	_____	매매가	_____	취득세	_____
준공년월	_____	전세가	_____	중개수수료	_____
평수	_____	보증금·월세	_____	양도세	_____

호가	_____
입주가능일	_____
방·욕실수	_____
현관구조	_____
최저·최고층	_____
주차대수	_____
배정학교	_____
방향	_____

지역 호재 및 악재

호재·장점

악재·단점

MEMO

오피스텔 체크리스트

✓ **01. 역과의 거리**
☐ 근접역과의 소요시간을 확인했는가?

✓ **02. 연식**
☐ 준공년도가 10년이 넘었는가?

✓ **03. 주변의 공급물량**
☐ 주변 공급물량이 얼마나 있는지 확인했는가?

✓ **04. 주변의 빈 땅**
☐ 오피스텔 주변에 빈 땅이 있는가?

✓ **05. 주변 경쟁물건확인**
☐ 오피스텔 주변에 원룸이 있는가?
☐ 오피스텔 주변에 빌라가 있는가?
☐ 오피스텔 주변에 소형아파트가 있는가?
☐ 옆 건물과의 거리를 확인했는가?
☐ 채광 가능 여부를 확인했는가?
☐ 전망을 확인했는가?
☐ 베란다에서 호수, 산 등이 보이는가?

✓ **06. 입주시기 및 호재발현시기**
☐ 오피스텔 입주시기를 확인했는가?
☐ 오피스텔 기업입주시기가 서로 맞는가?
☐ 시차는 없었는가?

✓ **07. 수익률**
☐ 대출가능여부를 확인했는가?
☐ 주변지역 월세가를 확인했는가?
☐ 공실률은 확인했는가?
☐ 중도금은 무이자인지, 후불제인지 확인했는가?
☐ 세대수가 많은가?
☐ 커뮤니티 시설이 있는가?
☐ 원룸 / 1.5룸 / 투룸인지 확인했는가?
☐ 교통 편의성이 좋은가?

명함 & 전화번호부

임장노트

날짜 |　　년　　　월　　　일　　　　　　**거래 |** □ 매매　□ 전세　□ 월세

관심지역	____	실거래가	____	관리비	____
물건명	____	매매가	____	취득세	____
준공년월	____	전세가	____	중개수수료	____
평수	____	보증금·월세	____	양도세	____

호가	____
입주가능일	____
방·욕실수	____
현관구조	____
최저·최고층	____
주차대수	____
배정학교	____
방향	____

지역 호재 및 악재

호재·장점

악재·단점

MEMO

구매하기 전 반드시 확인해야 할
오피스텔 체크리스트

✓ **01. 역과의 거리**
□ 근접역과의 소요시간을 확인했는가?

✓ **02. 연식**
□ 준공년도가 10년이 넘었는가?

✓ **03. 주변의 공급물량**
□ 주변 공급물량이 얼마나 있는지 확인했는가?

✓ **04. 주변의 빈 땅**
□ 오피스텔 주변에 빈 땅이 있는가?

✓ **05. 주변 경쟁물건확인**
□ 오피스텔 주변에 원룸이 있는가?
□ 오피스텔 주변에 빌라가 있는가?
□ 오피스텔 주변에 소형아파트가 있는가?
□ 옆 건물과의 거리를 확인했는가?
□ 채광 가능 여부를 확인했는가?
□ 전망을 확인했는가?
□ 베란다에서 호수, 산 등이 보이는가?

✓ **06. 입주시기 및 호재발현시기**
□ 오피스텔 입주시기를 확인했는가?
□ 오피스텔 기업입주시기가 서로 맞는가?
□ 시차는 없었는가?

✓ **07. 수익률**
□ 대출가능여부를 확인했는가?
□ 주변지역 월세가를 확인했는가?
□ 공실률은 확인했는가?
□ 중도금은 무이자인지, 후불제인지 확인했는가?
□ 세대수가 많은가?
□ 커뮤니티 시설이 있는가?
□ 원룸 / 1.5룸 / 투룸인지 확인했는가?
□ 교통 편의성이 좋은가?

명함 & 전화번호부

임장노트

날짜 | 년   월   일   거래 | ☐ 매매 ☐ 전세 ☐ 월세

관심지역 _____   실거래가 _____   관리비 _____

물건명 _____   매매가 _____   취득세 _____

준공년월 _____   전세가 _____   중개수수료 _____

평수 _____   보증금·월세 _____   양도세 _____

호가 _____

입주가능일 _____

방·욕실수 _____

현관구조 _____

최저·최고층 _____

주차대수 _____

배정학교 _____

방향 _____

지역 호재 및 악재

호재·장점

악재·단점

MEMO

구매하기 전 반드시 확인해야 할
오피스텔 체크리스트

✓ **01. 역과의 거리**
□ 근접역과의 소요시간을 확인했는가?

✓ **02. 연식**
□ 준공년도가 10년이 넘었는가?

✓ **03. 주변의 공급물량**
□ 주변 공급물량이 얼마나 있는지 확인했는가?

✓ **04. 주변의 빈 땅**
□ 오피스텔 주변에 빈 땅이 있는가?

✓ **05. 주변 경쟁물건확인**
□ 오피스텔 주변에 원룸이 있는가?
□ 오피스텔 주변에 빌라가 있는가?
□ 오피스텔 주변에 소형아파트가 있는가?
□ 옆 건물과의 거리를 확인했는가?
□ 채광 가능 여부를 확인했는가?
□ 전망을 확인했는가?
□ 베란다에서 호수, 산 등이 보이는가?

✓ **06. 입주시기 및 호재발현시기**
□ 오피스텔 입주시기를 확인했는가?
□ 오피스텔 기업입주시기가 서로 맞는가?
□ 시차는 없었는가?

✓ **07. 수익률**
□ 대출가능여부를 확인했는가?
□ 주변지역 월세가를 확인했는가?
□ 공실률은 확인했는가?
□ 중도금은 무이자인지, 후불제인지 확인했는가?
□ 세대수가 많은가?
□ 커뮤니티 시설이 있는가?
□ 원룸 / 1.5룸 / 투룸인지 확인했는가?
□ 교통 편의성이 좋은가?

명함 & 전화번호부

임장노트

날짜 |　　년　　월　　일　　　　　　거래 | □ 매매 □ 전세 □ 월세

관심지역 ＿＿＿＿＿＿　　실거래가 ＿＿＿＿＿＿　　관리비 ＿＿＿＿＿＿

물건명 ＿＿＿＿＿＿　　매매가 ＿＿＿＿＿＿　　취득세 ＿＿＿＿＿＿

준공년월 ＿＿＿＿＿＿　　전세가 ＿＿＿＿＿＿　　중개수수료 ＿＿＿＿＿＿

평수 ＿＿＿＿＿＿　　보증금·월세 ＿＿＿＿＿＿　　양도세 ＿＿＿＿＿＿

호가 ＿＿＿＿＿＿

입주가능일 ＿＿＿＿＿＿

방·욕실수 ＿＿＿＿＿＿

현관구조 ＿＿＿＿＿＿

최저·최고층 ＿＿＿＿＿＿

주차대수 ＿＿＿＿＿＿

배정학교 ＿＿＿＿＿＿

방향 ＿＿＿＿＿＿

지역 호재 및 악재

호재·장점

악재·단점

MEMO

구매하기 전 반드시 확인해야 할

오피스텔 체크리스트

✓ **01. 역과의 거리**
☐ 근접역과의 소요시간을 확인했는가?

✓ **02. 연식**
☐ 준공년도가 10년이 넘었는가?

✓ **03. 주변의 공급물량**
☐ 주변 공급물량이 얼마나 있는지 확인했는가?

✓ **04. 주변의 빈 땅**
☐ 오피스텔 주변에 빈 땅이 있는가?

✓ **05. 주변 경쟁물건확인**
☐ 오피스텔 주변에 원룸이 있는가?
☐ 오피스텔 주변에 빌라가 있는가?
☐ 오피스텔 주변에 소형아파트가 있는가?
☐ 옆 건물과의 거리를 확인했는가?
☐ 채광 가능 여부를 확인했는가?
☐ 전망을 확인했는가?
☐ 베란다에서 호수, 산 등이 보이는가?

✓ **06. 입주시기 및 호재발현시기**
☐ 오피스텔 입주시기를 확인했는가?
☐ 오피스텔 기업입주시기가 서로 맞는가?
☐ 시차는 없었는가?

✓ **07. 수익률**
☐ 대출가능여부를 확인했는가?
☐ 주변지역 월세가를 확인했는가?
☐ 공실률은 확인했는가?
☐ 중도금은 무이자인지, 후불제인지 확인했는가?
☐ 세대수가 많은가?
☐ 커뮤니티 시설이 있는가?
☐ 원룸 / 1.5룸 / 투룸인지 확인했는가?
☐ 교통 편의성이 좋은가?

명함 & 전화번호부

임장노트

날짜 | 년   월   일   거래 | □ 매매   □ 전세   □ 월세

관심지역 _____	실거래가 _____	관리비 _____
물건명 _____	매매가 _____	취득세 _____
준공년월 _____	전세가 _____	중개수수료 _____
평수 _____	보증금·월세 _____	양도세 _____

호가 _____

입주가능일 _____

방·욕실수 _____

현관구조 _____

최저·최고층 _____

주차대수 _____

배정학교 _____

방향 _____

지역 호재 및 악재

호재·장점

악재·단점

MEMO

구매하기 전 반드시 확인해야 할
오피스텔 체크리스트

✓ **01. 역과의 거리**
☐ 근접역과의 소요시간을 확인했는가?

✓ **02. 연식**
☐ 준공년도가 10년이 넘었는가?

✓ **03. 주변의 공급물량**
☐ 주변 공급물량이 얼마나 있는지 확인했는가?

✓ **04. 주변의 빈 땅**
☐ 오피스텔 주변에 빈 땅이 있는가?

✓ **05. 주변 경쟁물건확인**
☐ 오피스텔 주변에 원룸이 있는가?
☐ 오피스텔 주변에 빌라가 있는가?
☐ 오피스텔 주변에 소형아파트가 있는가?
☐ 옆 건물과의 거리를 확인했는가?
☐ 채광 가능 여부를 확인했는가?
☐ 전망을 확인했는가?
☐ 베란다에서 호수, 산 등이 보이는가?

✓ **06. 입주시기 및 호재발현시기**
☐ 오피스텔 입주시기를 확인했는가?
☐ 오피스텔 기업입주시기가 서로 맞는가?
☐ 시차는 없었는가?

✓ **07. 수익률**
☐ 대출가능여부를 확인했는가?
☐ 주변지역 월세가를 확인했는가?
☐ 공실률은 확인했는가?
☐ 중도금은 무이자인지, 후불제인지 확인했는가?
☐ 세대수가 많은가?
☐ 커뮤니티 시설이 있는가?
☐ 원룸 / 1.5룸 / 투룸인지 확인했는가?
☐ 교통 편의성이 좋은가?

명함 & 전화번호부

임장노트

날짜 | 년   월   일   거래 | ☐ 매매 ☐ 전세 ☐ 월세

관심지역	실거래가	관리비
물건명	매매가	취득세
준공년월	전세가	중개수수료
평수	보증금·월세	양도세

호가	**지역 호재 및 약재**
입주가능일	호재·장점
방·욕실수	
현관구조	
최저·최고층	
주차대수	약재·단점
배정학교	
방향	

MEMO

구매하기 전 반드시 확인해야 할
오피스텔 체크리스트

✓ **01. 역과의 거리**
☐ 근접역과의 소요시간을 확인했는가?

✓ **02. 연식**
☐ 준공년도가 10년이 넘었는가?

✓ **03. 주변의 공급물량**
☐ 주변 공급물량이 얼마나 있는지 확인했는가?

✓ **04. 주변의 빈 땅**
☐ 오피스텔 주변에 빈 땅이 있는가?

✓ **05. 주변 경쟁물건확인**
☐ 오피스텔 주변에 원룸이 있는가?
☐ 오피스텔 주변에 빌라가 있는가?
☐ 오피스텔 주변에 소형아파트가 있는가?
☐ 옆 건물과의 거리를 확인했는가?
☐ 채광 가능 여부를 확인했는가?
☐ 전망을 확인했는가?
☐ 베란다에서 호수, 산 등이 보이는가?

✓ **06. 입주시기 및 호재발현시기**
☐ 오피스텔 입주시기를 확인했는가?
☐ 오피스텔 기업입주시기가 서로 맞는가?
☐ 시차는 없었는가?

✓ **07. 수익률**
☐ 대출가능여부를 확인했는가?
☐ 주변지역 월세가를 확인했는가?
☐ 공실률은 확인했는가?
☐ 중도금은 무이자인지, 후불제인지 확인했는가?
☐ 세대수가 많은가?
☐ 커뮤니티 시설이 있는가?
☐ 원룸 / 1.5룸 / 투룸인지 확인했는가?
☐ 교통 편의성이 좋은가?

명함 & 전화번호부

임장노트

날짜 | 　년　　월　　일　　　　거래 | ☐ 매매　☐ 전세　☐ 월세

관심지역 _____
물건명 _____
준공년월 _____
평수 _____

실거래가 _____
매매가 _____
전세가 _____
보증금·월세 _____

관리비 _____
취득세 _____
중개수수료 _____
양도세 _____

호가 _____
입주가능일 _____
방·욕실수 _____
현관구조 _____
최저·최고층 _____
주차대수 _____
배정학교 _____
방향 _____

지역 호재 및 악재

호재·장점

악재·단점

MEMO

구매하기 전 반드시 확인해야 할
오피스텔 체크리스트

✓ 01. 역과의 거리
☐ 근접역과의 소요시간을 확인했는가?

✓ 02. 연식
☐ 준공년도가 10년이 넘었는가?

✓ 03. 주변의 공급물량
☐ 주변 공급물량이 얼마나 있는지 확인했는가?

✓ 04. 주변의 빈 땅
☐ 오피스텔 주변에 빈 땅이 있는가?

✓ 05. 주변 경쟁물건확인
☐ 오피스텔 주변에 원룸이 있는가?
☐ 오피스텔 주변에 빌라가 있는가?
☐ 오피스텔 주변에 소형아파트가 있는가?
☐ 옆 건물과의 거리를 확인했는가?
☐ 채광 가능 여부를 확인했는가?
☐ 전망을 확인했는가?
☐ 베란다에서 호수, 산 등이 보이는가?

✓ 06. 입주시기 및 호재발현시기
☐ 오피스텔 입주시기를 확인했는가?
☐ 오피스텔 기업입주시기가 서로 맞는가?
☐ 시차는 없었는가?

✓ 07. 수익률
☐ 대출가능여부를 확인했는가?
☐ 주변지역 월세가를 확인했는가?
☐ 공실률은 확인했는가?
☐ 중도금은 무이자인지, 후불제인지 확인했는가?
☐ 세대수가 많은가?
☐ 커뮤니티 시설이 있는가?
☐ 원룸 / 1.5룸 / 투룸인지 확인했는가?
☐ 교통 편의성이 좋은가?

명함 & 전화번호부

임장노트

날짜 | 년   월   일   거래 | □ 매매 □ 전세 □ 월세

관심지역	_____	실거래가	_____	관리비	_____
물건명	_____	매매가	_____	취득세	_____
준공년월	_____	전세가	_____	중개수수료	_____
평수	_____	보증금·월세	_____	양도세	_____

호가 _____

입주가능일 _____

방·욕실수 _____

현관구조 _____

최저·최고층 _____

주차대수 _____

배정학교 _____

방향 _____

지역 호재 및 악재

호재·장점

악재·단점

MEMO

구매하기 전 반드시 확인해야 할
오피스텔 체크리스트

✓ 01. 역과의 거리
☐ 근접역과의 소요시간을 확인했는가?

✓ 02. 연식
☐ 준공년도가 10년이 넘었는가?

✓ 03. 주변의 공급물량
☐ 주변 공급물량이 얼마나 있는지 확인했는가?

✓ 04. 주변의 빈 땅
☐ 오피스텔 주변에 빈 땅이 있는가?

✓ 05. 주변 경쟁물건확인
☐ 오피스텔 주변에 원룸이 있는가?
☐ 오피스텔 주변에 빌라가 있는가?
☐ 오피스텔 주변에 소형아파트가 있는가?
☐ 옆 건물과의 거리를 확인했는가?
☐ 채광 가능 여부를 확인했는가?
☐ 전망을 확인했는가?
☐ 베란다에서 호수, 산 등이 보이는가?

✓ 06. 입주시기 및 호재발현시기
☐ 오피스텔 입주시기를 확인했는가?
☐ 오피스텔 기업입주시기가 서로 맞는가?
☐ 시차는 없었는가?

✓ 07. 수익률
☐ 대출가능여부를 확인했는가?
☐ 주변지역 월세가를 확인했는가?
☐ 공실률은 확인했는가?
☐ 중도금은 무이자인지, 후불제인지 확인했는가?
☐ 세대수가 많은가?
☐ 커뮤니티 시설이 있는가?
☐ 원룸 / 1.5룸 / 투룸인지 확인했는가?
☐ 교통 편의성이 좋은가?

명함 & 전화번호부

임장노트

날짜 | 년   월   일   거래 | □ 매매 □ 전세 □ 월세

관심지역 _____   실거래가 _____   관리비 _____

물건명 _____   매매가 _____   취득세 _____

준공년월 _____   전세가 _____   중개수수료 _____

평수 _____   보증금·월세 _____   양도세 _____

호가 _____

입주가능일 _____   ### 지역 호재 및 악재

방·욕실수 _____   호재·장점

현관구조 _____

최저·최고층 _____

주차대수 _____   악재·단점

배정학교 _____

방향 _____

MEMO

구매하기 전 반드시 확인해야 할
오피스텔 체크리스트

✓ **01. 역과의 거리**
☐ 근접역과의 소요시간을 확인했는가?

✓ **02. 연식**
☐ 준공년도가 10년이 넘었는가?

✓ **03. 주변의 공급물량**
☐ 주변 공급물량이 얼마나 있는지 확인했는가?

✓ **04. 주변의 빈 땅**
☐ 오피스텔 주변에 빈 땅이 있는가?

✓ **05. 주변 경쟁물건확인**
☐ 오피스텔 주변에 원룸이 있는가?
☐ 오피스텔 주변에 빌라가 있는가?
☐ 오피스텔 주변에 소형아파트가 있는가?
☐ 옆 건물과의 거리를 확인했는가?
☐ 채광 가능 여부를 확인했는가?
☐ 전망을 확인했는가?
☐ 베란다에서 호수, 산 등이 보이는가?

✓ **06. 입주시기 및 호재발현시기**
☐ 오피스텔 입주시기를 확인했는가?
☐ 오피스텔 기업입주시기가 서로 맞는가?
☐ 시차는 없었는가?

✓ **07. 수익률**
☐ 대출가능여부를 확인했는가?
☐ 주변지역 월세가를 확인했는가?
☐ 공실률은 확인했는가?
☐ 중도금은 무이자인지, 후불제인지 확인했는가?
☐ 세대수가 많은가?
☐ 커뮤니티 시설이 있는가?
☐ 원룸 / 1.5룸 / 투룸인지 확인했는가?
☐ 교통 편의성이 좋은가?

명함 & 전화번호부

임장노트

날짜 | 년   월   일   거래 | □ 매매 □ 전세 □ 월세

관심지역 _____   실거래가 _____   관리비 _____

물건명 _____   매매가 _____   취득세 _____

준공년월 _____   전세가 _____   중개수수료 _____

평수 _____   보증금·월세 _____   양도세 _____

호가 _____

입주가능일 _____

방·욕실수 _____

현관구조 _____

최저·최고층 _____

주차대수 _____

배정학교 _____

방향 _____

지역 호재 및 악재

호재·장점

악재·단점

MEMO

구매하기 전 반드시 확인해야 할
오피스텔 체크리스트

✓ 01. 역과의 거리
☐ 근접역과의 소요시간을 확인했는가?

✓ 02. 연식
☐ 준공년도가 10년이 넘었는가?

✓ 03. 주변의 공급물량
☐ 주변 공급물량이 얼마나 있는지 확인했는가?

✓ 04. 주변의 빈 땅
☐ 오피스텔 주변에 빈 땅이 있는가?

✓ 05. 주변 경쟁물건확인
☐ 오피스텔 주변에 원룸이 있는가?
☐ 오피스텔 주변에 빌라가 있는가?
☐ 오피스텔 주변에 소형아파트가 있는가?
☐ 옆 건물과의 거리를 확인했는가?
☐ 채광 가능 여부를 확인했는가?
☐ 전망을 확인했는가?
☐ 베란다에서 호수, 산 등이 보이는가?

✓ 06. 입주시기 및 호재발현시기
☐ 오피스텔 입주시기를 확인했는가?
☐ 오피스텔 기업입주시기가 서로 맞는가?
☐ 시차는 없었는가?

✓ 07. 수익률
☐ 대출가능여부를 확인했는가?
☐ 주변지역 월세가를 확인했는가?
☐ 공실률은 확인했는가?
☐ 중도금은 무이자인지, 후불제인지 확인했는가?
☐ 세대수가 많은가?
☐ 커뮤니티 시설이 있는가?
☐ 원룸 / 1.5룸 / 투룸인지 확인했는가?
☐ 교통 편의성이 좋은가?

명함 & 전화번호부

임장노트

날짜 | 년   월   일   거래 | □ 매매 □ 전세 □ 월세

관심지역	_____	실거래가	_____	관리비	_____
물건명	_____	매매가	_____	취득세	_____
준공년월	_____	전세가	_____	중개수수료	_____
평수	_____	보증금·월세	_____	양도세	_____

호가 _____

입주가능일 _____

방·욕실수 _____

현관구조 _____

최저·최고층 _____

주차대수 _____

배정학교 _____

방향 _____

지역 호재 및 악재

호재·장점

악재·단점

MEMO

구매하기 전 반드시 확인해야 할
오피스텔 체크리스트

✓ 01. 역과의 거리
☐ 근접역과의 소요시간을 확인했는가?

✓ 02. 연식
☐ 준공년도가 10년이 넘었는가?

✓ 03. 주변의 공급물량
☐ 주변 공급물량이 얼마나 있는지 확인했는가?

✓ 04. 주변의 빈 땅
☐ 오피스텔 주변에 빈 땅이 있는가?

✓ 05. 주변 경쟁물건확인
☐ 오피스텔 주변에 원룸이 있는가?
☐ 오피스텔 주변에 빌라가 있는가?
☐ 오피스텔 주변에 소형아파트가 있는가?
☐ 옆 건물과의 거리를 확인했는가?
☐ 채광 가능 여부를 확인했는가?
☐ 전망을 확인했는가?
☐ 베란다에서 호수, 산 등이 보이는가?

✓ 06. 입주시기 및 호재발현시기
☐ 오피스텔 입주시기를 확인했는가?
☐ 오피스텔 기업입주시기가 서로 맞는가?
☐ 시차는 없었는가?

✓ 07. 수익률
☐ 대출가능여부를 확인했는가?
☐ 주변지역 월세가를 확인했는가?
☐ 공실률은 확인했는가?
☐ 중도금은 무이자인지, 후불제인지 확인했는가?
☐ 세대수가 많은가?
☐ 커뮤니티 시설이 있는가?
☐ 원룸 / 1.5룸 / 투룸인지 확인했는가?
☐ 교통 편의성이 좋은가?

명함 & 전화번호부

임장노트

날짜 |　　　년　　　월　　　일　　　　　거래 | □ 매매　□ 전세　□ 월세

관심지역 _____　　실거래가 _____　　관리비 _____

물건명 _____　　매매가 _____　　취득세 _____

준공년월 _____　　전세가 _____　　중개수수료 _____

평수 _____　　보증금·월세 _____　　양도세 _____

호가 _____

입주가능일 _____

방·욕실수 _____

현관구조 _____

최저·최고층 _____

주차대수 _____

배정학교 _____

방향 _____

지역 호재 및 악재

호재·장점

악재·단점

MEMO

구매하기 전 반드시 확인해야 할
오피스텔 체크리스트

✓ 01. 역과의 거리
☐ 근접역과의 소요시간을 확인했는가?

✓ 02. 연식
☐ 준공년도가 10년이 넘었는가?

✓ 03. 주변의 공급물량
☐ 주변 공급물량이 얼마나 있는지 확인했는가?

✓ 04. 주변의 빈 땅
☐ 오피스텔 주변에 빈 땅이 있는가?

✓ 05. 주변 경쟁물건확인
☐ 오피스텔 주변에 원룸이 있는가?
☐ 오피스텔 주변에 빌라가 있는가?
☐ 오피스텔 주변에 소형아파트가 있는가?
☐ 옆 건물과의 거리를 확인했는가?
☐ 채광 가능 여부를 확인했는가?
☐ 전망을 확인했는가?
☐ 베란다에서 호수, 산 등이 보이는가?

✓ 06. 입주시기 및 호재발현시기
☐ 오피스텔 입주시기를 확인했는가?
☐ 오피스텔 기업입주시기가 서로 맞는가?
☐ 시차는 없었는가?

✓ 07. 수익률
☐ 대출가능여부를 확인했는가?
☐ 주변지역 월세가를 확인했는가?
☐ 공실률은 확인했는가?
☐ 중도금은 무이자인지, 후불제인지 확인했는가?
☐ 세대수가 많은가?
☐ 커뮤니티 시설이 있는가?
☐ 원룸 / 1.5룸 / 투룸인지 확인했는가?
☐ 교통 편의성이 좋은가?

명함 & 전화번호부

임장노트

날짜 |　　　년　　　월　　　일　　　　　거래 | □ 매매　□ 전세　□ 월세

관심지역	실거래가	관리비
물건명	매매가	취득세
준공년월	전세가	중개수수료
평수	보증금·월세	양도세

호가 _____

입주가능일 _____

방·욕실수 _____

현관구조 _____

최저·최고층 _____

주차대수 _____

배정학교 _____

방향 _____

지역 호재 및 악재

호재·장점

악재·단점

MEMO

구매하기 전 반드시 확인해야 할
오피스텔 체크리스트

✓ **01. 역과의 거리**
☐ 근접역과의 소요시간을 확인했는가?

✓ **02. 연식**
☐ 준공년도가 10년이 넘었는가?

✓ **03. 주변의 공급물량**
☐ 주변 공급물량이 얼마나 있는지 확인했는가?

✓ **04. 주변의 빈 땅**
☐ 오피스텔 주변에 빈 땅이 있는가?

✓ **05. 주변 경쟁물건확인**
☐ 오피스텔 주변에 원룸이 있는가?
☐ 오피스텔 주변에 빌라가 있는가?
☐ 오피스텔 주변에 소형아파트가 있는가?
☐ 옆 건물과의 거리를 확인했는가?
☐ 채광 가능 여부를 확인했는가?
☐ 전망을 확인했는가?
☐ 베란다에서 호수, 산 등이 보이는가?

✓ **06. 입주시기 및 호재발현시기**
☐ 오피스텔 입주시기를 확인했는가?
☐ 오피스텔 기업입주시기가 서로 맞는가?
☐ 시차는 없었는가?

✓ **07. 수익률**
☐ 대출가능여부를 확인했는가?
☐ 주변지역 월세가를 확인했는가?
☐ 공실률은 확인했는가?
☐ 중도금은 무이자인지, 후불제인지 확인했는가?
☐ 세대수가 많은가?
☐ 커뮤니티 시설이 있는가?
☐ 원룸 / 1.5룸 / 투룸인지 확인했는가?
☐ 교통 편의성이 좋은가?

명함 & 전화번호부

임장노트

날짜 | 년   월   일   거래 | ☐ 매매 ☐ 전세 ☐ 월세

관심지역	_____	실거래가	_____	관리비	_____
물건명	_____	매매가	_____	취득세	_____
준공년월	_____	전세가	_____	중개수수료	_____
평수	_____	보증금·월세	_____	양도세	_____

호가	_____
입주가능일	_____
방·욕실수	_____
현관구조	_____
최저·최고층	_____
주차대수	_____
배정학교	_____
방향	_____

지역 호재 및 악재

호재·장점

악재·단점

MEMO

구매하기 전 반드시 확인해야 할
오피스텔 체크리스트

✓ 01. 역과의 거리
□ 근접역과의 소요시간을 확인했는가?

✓ 02. 연식
□ 준공년도가 10년이 넘었는가?

✓ 03. 주변의 공급물량
□ 주변 공급물량이 얼마나 있는지 확인했는가?

✓ 04. 주변의 빈 땅
□ 오피스텔 주변에 빈 땅이 있는가?

✓ 05. 주변 경쟁물건확인
□ 오피스텔 주변에 원룸이 있는가?
□ 오피스텔 주변에 빌라가 있는가?
□ 오피스텔 주변에 소형아파트가 있는가?
□ 옆 건물과의 거리를 확인했는가?
□ 채광 가능 여부를 확인했는가?
□ 전망을 확인했는가?
□ 베란다에서 호수, 산 등이 보이는가?

✓ 06. 입주시기 및 호재발현시기
□ 오피스텔 입주시기를 확인했는가?
□ 오피스텔 기업입주시기가 서로 맞는가?
□ 시차는 없었는가?

✓ 07. 수익률
□ 대출가능여부를 확인했는가?
□ 주변지역 월세가를 확인했는가?
□ 공실률은 확인했는가?
□ 중도금은 무이자인지, 후불제인지 확인했는가?
□ 세대수가 많은가?
□ 커뮤니티 시설이 있는가?
□ 원룸 / 1.5룸 / 투룸인지 확인했는가?
□ 교통 편의성이 좋은가?

명함 & 전화번호부

임장노트

날짜 | 년   월   일   거래 | □ 매매   □ 전세   □ 월세

관심지역	_____	실거래가	_____	관리비	_____
물건명	_____	매매가	_____	취득세	_____
준공년월	_____	전세가	_____	중개수수료	_____
평수	_____	보증금·월세	_____	양도세	_____

호가	_____
입주가능일	_____
방·욕실수	_____
현관구조	_____
최저·최고층	_____
주차대수	_____
배정학교	_____
방향	_____

지역 호재 및 악재

호재·장점

악재·단점

MEMO

구매하기 전 반드시 확인해야 할
상업용 부동산 체크리스트

✓ **01. 입지여건**

□ 유동인구가 많은 상가인가?
□ 유동인구의 동선을 파악했는가?
□ 매장 앞 복도의 폭이 넓은가?
□ 노점상이 밀집한 지역인가?
□ 지하철역, 버스정류장과 가까운가?

✓ **02. 상권**

□ 배후단지의 규모가 최소 500가구 이상인가?
□ 배후단지의 성격이 사업 종목과 어울리는가?
□ 배후단지 거주자의 경제수준을 파악했는가?
□ 배후단지 거주자의 연령대를 파악했는가?
□ 통행차량의 동선을 파악했는가?
□ 유동인구의 동선을 파악했는가?

✓ **03. 매장 내/외부**

□ 도로변으로 접한 면이 넓은가?
□ 코너에 위치했는가?
□ 내부구조를 파악했는가?
□ 출입구의 문턱이 낮은가?
□ 매장 천장이 높은가?
□ 복층 구조가 가능한가?
□ 방수나 누수의 흔적이 있는가?
□ 매장 중앙에 기둥이 여러 개 있는가?

✓ **04. 주변시설**

□ 충분한 주차공간이 있는가?

✓ **05. 현황**

□ 현재 영업상태가 양호한가?
□ 층별 업종 구성을 파악했는가?
□ 경업 금지에 해당하는가?
□ 상권 내 경쟁시설이 있는가?
□ 개별 냉난방인가?
□ 엘리베이터가 있는가?
□ 건물이 노후되지는 않았는가?

✓ **06. 시세**

□ 매매가는 얼마인가?
□ 급매가는 얼마인가?
□ 임대가는 얼마인가?
□ 공인중개사 연락처는?
□ 권리금은 얼마인가?
□ 관리비는 얼마인가?.
□ 미납 관리비는 얼마인가?
□ 상가 내 공실이 많은가? (공실률)

▧ 관리소 연락처 :

명함 & 전화번호부

임장노트

날짜 | 년   월   일   거래 | ☐ 매매 ☐ 전세 ☐ 월세

관심지역	_____	실거래가	_____	관리비	_____
물건명	_____	매매가	_____	취득세	_____
준공년월	_____	전세가	_____	중개수수료	_____
평수	_____	보증금·월세	_____	양도세	_____

호가	_____
입주가능일	_____
방·욕실수	_____
현관구조	_____
최저·최고층	_____
주차대수	_____
배정학교	_____
방향	_____

지역 호재 및 악재

호재·장점

악재·단점

MEMO

구매하기 전 반드시 확인해야 할
상업용 부동산 체크리스트

✓ **01. 입지여건**
☐ 유동인구가 많은 상가인가?
☐ 유동인구의 동선을 파악했는가?
☐ 매장 앞 복도의 폭이 넓은가?
☐ 노점상이 밀집한 지역인가?
☐ 지하철역, 버스정류장과 가까운가?

✓ **02. 상권**
☐ 배후단지의 규모가 최소 500가구 이상인가?
☐ 배후단지의 성격이 사업 종목과 어울리는가?
☐ 배후단지 거주자의 경제수준을 파악했는가?
☐ 배후단지 거주자의 연령대를 파악했는가?
☐ 통행차량의 동선을 파악했는가?
☐ 유동인구의 동선을 파악했는가?

✓ **03. 매장 내/외부**
☐ 도로변으로 접한 면이 넓은가?
☐ 코너에 위치했는가?
☐ 내부구조를 파악했는가?
☐ 출입구의 문턱이 낮은가?
☐ 매장 천장이 높은가?
☐ 복층 구조가 가능한가?
☐ 방수나 누수의 흔적이 있는가?
☐ 매장 중앙에 기둥이 여러 개 있는가?

✓ **04. 주변시설**
☐ 충분한 주차공간이 있는가?

✓ **05. 현황**
☐ 현재 영업상태가 양호한가?
☐ 층별 업종 구성을 파악했는가?
☐ 경업 금지에 해당하는가?
☐ 상권 내 경쟁시설이 있는가?
☐ 개별 냉난방인가?
☐ 엘리베이터가 있는가?
☐ 건물이 노후되지는 않았는가?

✓ **06. 시세**
☐ 매매가는 얼마인가?
☐ 급매가는 얼마인가?
☐ 임대가는 얼마인가?
☐ 공인중개사 연락처는?
☐ 권리금은 얼마인가?
☐ 관리비는 얼마인가?
☐ 미납 관리비는 얼마인가?
☐ 상가 내 공실이 많은가? (공실률)

▨ 관리소 연락처 :

명함 & 전화번호부

임장노트

관심지역 _____
실거래가 _____
관리비 _____

물건명 _____
매매가 _____
취득세 _____

준공년월 _____
전세가 _____
중개수수료 _____

평수 _____
보증금·월세 _____
양도세 _____

호가 _____

입주가능일 _____

방·욕실수 _____

현관구조 _____

최저·최고층 _____

주차대수 _____

배정학교 _____

방향 _____

지역 호재 및 악재

호재·장점

악재·단점

MEMO

구매하기 전 반드시 확인해야 할
상업용 부동산 체크리스트

✓ 01. 입지여건
☐ 유동인구가 많은 상가인가?
☐ 유동인구의 동선을 파악했는가?
☐ 매장 앞 복도의 폭이 넓은가?
☐ 노점상이 밀집한 지역인가?
☐ 지하철역, 버스정류장과 가까운가?

✓ 02. 상권
☐ 배후단지의 규모가 최소 500가구 이상인가?
☐ 배후단지의 성격이 사업 종목과 어울리는가?
☐ 배후단지 거주자의 경제수준을 파악했는가?
☐ 배후단지 거주자의 연령대를 파악했는가?
☐ 통행차량의 동선을 파악했는가?
☐ 유동인구의 동선을 파악했는가?

✓ 03. 매장 내/외부
☐ 도로변으로 접한 면이 넓은가?
☐ 코너에 위치했는가?
☐ 내부구조를 파악했는가?
☐ 출입구의 문턱이 낮은가?
☐ 매장 천장이 높은가?
☐ 복층 구조가 가능한가?
☐ 방수나 누수의 흔적이 있는가?
☐ 매장 중앙에 기둥이 여러 개 있는가?

✓ 04. 주변시설
☐ 충분한 주차공간이 있는가?

✓ 05. 현황
☐ 현재 영업상태가 양호한가?
☐ 충별 업종 구성을 파악했는가?
☐ 경업 금지에 해당하는가?
☐ 상권 내 경쟁시설이 있는가?
☐ 개별 냉난방인가?
☐ 엘리베이터가 있는가?
☐ 건물이 노후되지는 않았는가?

✓ 06. 시세
☐ 매매가는 얼마인가?
☐ 급매가는 얼마인가?
☐ 임대가는 얼마인가?
☐ 공인중개사 연락처는?
☐ 권리금은 얼마인가?
☐ 관리비는 얼마인가?
☐ 미납 관리비는 얼마인가?
☐ 상가 내 공실이 많은가? (공실률)

▧ 관리소 연락처 :

명함 & 전화번호부

임장노트

날짜 | 년   월   일   **거래 |** □ 매매 □ 전세 □ 월세

관심지역 _____	실거래가 _____	관리비 _____
물건명 _____	매매가 _____	취득세 _____
준공년월 _____	전세가 _____	중개수수료 _____
평수 _____	보증금·월세 _____	양도세 _____

호가 _____

입주가능일 _____

방·욕실수 _____

현관구조 _____

최저·최고층 _____

주차대수 _____

배정학교 _____

방향 _____

지역 호재 및 악재

호재·장점

악재·단점

MEMO

구매하기 전 반드시 확인해야 할
상업용 부동산 체크리스트

✓ 01. 입지여건

- ☐ 유동인구가 많은 상가인가?
- ☐ 유동인구의 동선을 파악했는가?
- ☐ 매장 앞 복도의 폭이 넓은가?
- ☐ 노점상이 밀집한 지역인가?
- ☐ 지하철역, 버스정류장과 가까운가?

✓ 02. 상권

- ☐ 배후단지의 규모가 최소 500가구 이상인가?
- ☐ 배후단지의 성격이 사업 종목과 어울리는가?
- ☐ 배후단지 거주자의 경제수준을 파악했는가?
- ☐ 배후단지 거주자의 연령대를 파악했는가?
- ☐ 통행차량의 동선을 파악했는가?
- ☐ 유동인구의 동선을 파악했는가?

✓ 03. 매장 내/외부

- ☐ 도로변으로 접한 면이 넓은가?
- ☐ 코너에 위치했는가?
- ☐ 내부구조를 파악했는가?
- ☐ 출입구의 문턱이 낮은가?
- ☐ 매장 천장이 높은가?
- ☐ 복층 구조가 가능한가?
- ☐ 방수나 누수의 흔적이 있는가?
- ☐ 매장 중앙에 기둥이 여러 개 있는가?

✓ 04. 주변시설

- ☐ 충분한 주차공간이 있는가?

✓ 05. 현황

- ☐ 현재 영업상태가 양호한가?
- ☐ 층별 업종 구성을 파악했는가?
- ☐ 경업 금지에 해당하는가?
- ☐ 상권 내 경쟁시설이 있는가?
- ☐ 개별 냉난방인가?
- ☐ 엘리베이터가 있는가?
- ☐ 건물이 노후되지는 않았는가?

✓ 06. 시세

- ☐ 매매가 얼마인가?
- ☐ 급매가는 얼마인가?
- ☐ 임대가는 얼마인가?
- ☐ 공인중개사 연락처는?
- ☐ 권리금은 얼마인가?
- ☐ 관리비는 얼마인가?
- ☐ 미납 관리비는 얼마인가?
- ☐ 상가 내 공실이 많은가? (공실률)

▨ 관리소 연락처 :

명함 & 전화번호부

임장노트

날짜 | 년   월   일   거래 | □ 매매 □ 전세 □ 월세

관심지역	실거래가	관리비
물건명	매매가	취득세
준공년월	전세가	중개수수료
평수	보증금·월세	양도세

호가	**지역 호재 및 악재**
입주가능일	호재·장점
방·욕실수	
현관구조	
최저·최고층	악재·단점
주차대수	
배정학교	
방향	

MEMO

구매하기 전 반드시 확인해야 할
상업용 부동산 체크리스트

✓ 01. 입지여건
☐ 유동인구가 많은 상가인가?
☐ 유동인구의 동선을 파악했는가?
☐ 매장 앞 복도의 폭이 넓은가?
☐ 노점상이 밀집한 지역인가?
☐ 지하철역, 버스정류장과 가까운가?

✓ 02. 상권
☐ 배후단지의 규모가 최소 500가구 이상인가?
☐ 배후단지의 성격이 사업 종목과 어울리는가?
☐ 배후단지 거주자의 경제수준을 파악했는가?
☐ 배후단지 거주자의 연령대를 파악했는가?
☐ 통행차량의 동선을 파악했는가?
☐ 유동인구의 동선을 파악했는가?

✓ 03. 매장 내/외부
☐ 도로변으로 접한 면이 넓은가?
☐ 코너에 위치했는가?
☐ 내부구조를 파악했는가?
☐ 출입구의 문턱이 낮은가?
☐ 매장 천장이 높은가?
☐ 복층 구조가 가능한가?
☐ 방수나 누수의 흔적이 있는가?
☐ 매장 중앙에 기둥이 여러 개 있는가?

✓ 04. 주변시설
☐ 충분한 주차공간이 있는가?

✓ 05. 현황
☐ 현재 영업상태가 양호한가?
☐ 층별 업종 구성을 파악했는가?
☐ 경업 금지에 해당하는가?
☐ 상권 내 경쟁시설이 있는가?
☐ 개별 냉난방인가?
☐ 엘리베이터가 있는가?
☐ 건물이 노후되지는 않았는가?

✓ 06. 시세
☐ 매매가 얼마인가?
☐ 급매가 얼마인가?
☐ 임대가 얼마인가?
☐ 공인중개사 연락처는?
☐ 권리금은 얼마인가?
☐ 관리비는 얼마인가?
☐ 미납 관리비는 얼마인가?
☐ 상가 내 공실이 많은가? (공실률)

▨ 관리소 연락처 :

명함 & 전화번호부

임장노트

날짜 |　　　년　　　월　　　일　　　　　거래 | □ 매매　□ 전세　□ 월세

관심지역 _____　　실거래가 _____　　관리비 _____

물건명 _____　　매매가 _____　　취득세 _____

준공년월 _____　　전세가 _____　　중개수수료 _____

평수 _____　　보증금·월세 _____　　양도세 _____

호가 _____

입주가능일 _____

방·욕실수 _____

현관구조 _____

최저·최고층 _____

주차대수 _____

배정학교 _____

방향 _____

지역 호재 및 악재

호재·장점

악재·단점

MEMO

상업용 부동산 체크리스트

✓ 01. 입지여건

☐ 유동인구가 많은 상가인가?
☐ 유동인구의 동선을 파악했는가?
☐ 매장 앞 복도의 폭이 넓은가?
☐ 노점상이 밀집한 지역인가?
☐ 지하철역, 버스정류장과 가까운가?

✓ 02. 상권

☐ 배후단지의 규모가 최소 500가구 이상인가?
☐ 배후단지의 성격이 사업 종목과 어울리는가?
☐ 배후단지 거주자의 경제수준을 파악했는가?
☐ 배후단지 거주자의 연령대를 파악했는가?
☐ 통행차량의 동선을 파악했는가?
☐ 유동인구의 동선을 파악했는가?

✓ 03. 매장 내/외부

☐ 도로변으로 접한 면이 넓은가?
☐ 코너에 위치했는가?
☐ 내부구조를 파악했는가?
☐ 출입구의 문턱이 낮은가?
☐ 매장 천장이 높은가?
☐ 복층 구조가 가능한가?
☐ 방수나 누수의 흔적이 있는가?
☐ 매장 중앙에 기둥이 여러 개 있는가?

✓ 04. 주변시설

☐ 충분한 주차공간이 있는가?

✓ 05. 현황

☐ 현재 영업상태가 양호한가?
☐ 층별 업종 구성을 파악했는가?
☐ 경업 금지에 해당하는가?
☐ 상권 내 경쟁시설이 있는가?
☐ 개별 냉난방인가?
☐ 엘리베이터가 있는가?
☐ 건물이 노후되지는 않았는가?

✓ 06. 시세

☐ 매매가는 얼마인가?
☐ 급매가는 얼마인가?
☐ 임대가는 얼마인가?
☐ 공인중개사 연락처는?
☐ 권리금은 얼마인가?
☐ 관리비는 얼마인가?
☐ 미납 관리비는 얼마인가?
☐ 상가 내 공실이 많은가? (공실률)

▨ 관리소 연락처 :

명함 & 전화번호부

임장노트

날짜 | 년   월   일   거래 | □ 매매 □ 전세 □ 월세

관심지역	실거래가	관리비
물건명	매매가	취득세
준공년월	전세가	중개수수료
평수	보증금·월세	양도세

호가 _____

입주가능일 _____

방·욕실수 _____

현관구조 _____

최저·최고층 _____

주차대수 _____

배정학교 _____

방향 _____

지역 호재 및 악재

호재·장점

악재·단점

MEMO

구매하기 전 반드시 확인해야 할
상업용 부동산 체크리스트

✓ 01. 입지여건
- ☐ 유동인구가 많은 상가인가?
- ☐ 유동인구의 동선을 파악했는가?
- ☐ 매장 앞 복도의 폭이 넓은가?
- ☐ 노점상이 밀집한 지역인가?
- ☐ 지하철역, 버스정류장과 가까운가?

✓ 02. 상권
- ☐ 배후단지의 규모가 최소 500가구 이상인가?
- ☐ 배후단지의 성격이 사업 종목과 어울리는가?
- ☐ 배후단지 거주자의 경제수준을 파악했는가?
- ☐ 배후단지 거주자의 연령대를 파악했는가?
- ☐ 통행차량의 동선을 파악했는가?
- ☐ 유동인구의 동선을 파악했는가?

✓ 03. 매장 내/외부
- ☐ 도로변으로 접한 면이 넓은가?
- ☐ 코너에 위치했는가?
- ☐ 내부구조를 파악했는가?
- ☐ 출입구의 문턱이 낮은가?
- ☐ 매장 천장이 높은가?
- ☐ 복층 구조가 가능한가?
- ☐ 방수나 누수의 흔적이 있는가?
- ☐ 매장 중앙에 기둥이 여러 개 있는가?

✓ 04. 주변시설
- ☐ 충분한 주차공간이 있는가?

✓ 05. 현황
- ☐ 현재 영업상태가 양호한가?
- ☐ 층별 업종 구성을 파악했는가?
- ☐ 경업 금지에 해당하는가?
- ☐ 상권 내 경쟁시설이 있는가?
- ☐ 개별 냉난방인가?
- ☐ 엘리베이터가 있는가?
- ☐ 건물이 노후되지는 않았는가?

✓ 06. 시세
- ☐ 매매가는 얼마인가?
- ☐ 급매가는 얼마인가?
- ☐ 임대가는 얼마인가?
- ☐ 공인중개사 연락처는?
- ☐ 권리금은 얼마인가?
- ☐ 관리비는 얼마인가?
- ☐ 미납 관리비는 얼마인가?
- ☐ 상가 내 공실이 많은가? (공실률)

▨ 관리소 연락처 :

명함 & 전화번호부

임장노트

날짜 |　　년　　월　　일　　　　　거래 |　□ 매매　□ 전세　□ 월세

관심지역 _____　　실거래가 _____　　관리비 _____

물건명 _____　　매매가 _____　　취득세 _____

준공년월 _____　　전세가 _____　　중개수수료 _____

평수 _____　　보증금·월세 _____　　양도세 _____

호가 _____

입주가능일 _____

방·욕실수 _____

현관구조 _____

최저·최고층 _____

주차대수 _____

배정학교 _____

방향 _____

지역 호재 및 악재

호재·장점

악재·단점

MEMO

구매하기 전 반드시 확인해야 할
상업용 부동산 체크리스트

✓ 01. 입지여건
☐ 유동인구가 많은 상가인가?
☐ 유동인구의 동선을 파악했는가?
☐ 매장 앞 복도의 폭이 넓은가?
☐ 노점상이 밀집한 지역인가?
☐ 지하철역, 버스정류장과 가까운가?

✓ 02. 상권
☐ 배후단지의 규모가 최소 500가구 이상인가?
☐ 배후단지의 성격이 사업 종목과 어울리는가?
☐ 배후단지 거주자의 경제수준을 파악했는가?
☐ 배후단지 거주자의 연령대를 파악했는가?
☐ 통행차량의 동선을 파악했는가?
☐ 유동인구의 동선을 파악했는가?

✓ 03. 매장 내/외부
☐ 도로변으로 접한 면이 넓은가?
☐ 코너에 위치했는가?
☐ 내부구조를 파악했는가?
☐ 출입구의 문턱이 낮은가?
☐ 매장 천장이 높은가?
☐ 복층 구조가 가능한가?
☐ 방수나 누수의 흔적이 있는가?
☐ 매장 중앙에 기둥이 여러 개 있는가?

✓ 04. 주변시설
☐ 충분한 주차공간이 있는가?

✓ 05. 현황
☐ 현재 영업상태가 양호한가?
☐ 층별 업종 구성을 파악했는가?
☐ 경업 금지에 해당하는가?
☐ 상권 내 경쟁시설이 있는가?
☐ 개별 냉난방인가?
☐ 엘리베이터가 있는가?
☐ 건물이 노후되지는 않았는가?

✓ 06. 시세
☐ 매매가는 얼마인가?
☐ 급매가는 얼마인가?
☐ 임대가는 얼마인가?
☐ 공인중개사 연락처는?
☐ 권리금은 얼마인가?
☐ 관리비는 얼마인가?
☐ 미납 관리비는 얼마인가?
☐ 상가 내 공실이 많은가? (공실률)

▨ 관리소 연락처 :

명함 & 전화번호부

임장노트

날짜 | 년   월   일   거래 | □ 매매 □ 전세 □ 월세

관심지역 _____   실거래가 _____   관리비 _____

물건명 _____   매매가 _____   취득세 _____

준공년월 _____   전세가 _____   중개수수료 _____

평수 _____   보증금·월세 _____   양도세 _____

호가 _____

입주가능일 _____

방·욕실수 _____

현관구조 _____

최저·최고층 _____

주차대수 _____

배정학교 _____

방향 _____

지역 호재 및 악재

호재·장점

악재·단점

MEMO

구매하기 전 반드시 확인해야 할
상업용 부동산 체크리스트

✓ **01. 입지여건**
□ 유동인구가 많은 상가인가?
□ 유동인구의 동선을 파악했는가?
□ 매장 앞 복도의 폭이 넓은가?
□ 노점상이 밀집한 지역인가?
□ 지하철역, 버스정류장과 가까운가?

✓ **02. 상권**
□ 배후단지의 규모가 최소 500가구 이상인가?
□ 배후단지의 성격이 사업 종목과 어울리는가?
□ 배후단지 거주자의 경제수준을 파악했는가?
□ 배후단지 거주자의 연령대를 파악했는가?
□ 통행차량의 동선을 파악했는가?
□ 유동인구의 동선을 파악했는가?

✓ **03. 매장 내/외부**
□ 도로변으로 접한 면이 넓은가?
□ 코너에 위치했는가?
□ 내부구조를 파악했는가?
□ 출입구의 문턱이 낮은가?
□ 매장 천장이 높은가?
□ 복층 구조가 가능한가?
□ 방수나 누수의 흔적이 있는가?
□ 매장 중앙에 기둥이 여러 개 있는가?

✓ **04. 주변시설**
□ 충분한 주차공간이 있는가?

✓ **05. 현황**
□ 현재 영업상태가 양호한가?
□ 층별 업종 구성을 파악했는가?
□ 경업 금지에 해당하는가?
□ 상권 내 경쟁시설이 있는가?
□ 개별 냉난방인가?
□ 엘리베이터가 있는가?
□ 건물이 노후되지는 않았는가?

✓ **06. 시세**
□ 매매가는 얼마인가?
□ 급매가는 얼마인가?
□ 임대가는 얼마인가?
□ 공인중개사 연락처는?
□ 권리금은 얼마인가?
□ 관리비는 얼마인가?
□ 미납 관리비는 얼마인가?
□ 상가 내 공실이 많은가? (공실률)

▨ 관리소 연락처 :

명함 & 전화번호부

임장노트

날짜 | 년   월   일   거래 | ☐ 매매 ☐ 전세 ☐ 월세

관심지역	실거래가	관리비
물건명	매매가	취득세
준공년월	전세가	중개수수료
평수	보증금·월세	양도세

호가	**지역 호재 및 악재**
입주가능일	호재·장점
방·욕실수	
현관구조	
최저·최고층	
주차대수	악재·단점
배정학교	
방향	

MEMO

구매하기 전 반드시 확인해야 할
상업용 부동산 체크리스트

✓ 01. 입지여건

☐ 유동인구가 많은 상가인가?

☐ 유동인구의 동선을 파악했는가?

☐ 매장 앞 복도의 폭이 넓은가?

☐ 노점상이 밀집한 지역인가?

☐ 지하철역, 버스정류장과 가까운가?

✓ 02. 상권

☐ 배후단지의 규모가 최소 500가구 이상인가?

☐ 배후단지의 성격이 사업 종목과 어울리는가?

☐ 배후단지 거주자의 경제수준을 파악했는가?

☐ 배후단지 거주자의 연령대를 파악했는가?

☐ 통행차량의 동선을 파악했는가?

☐ 유동인구의 동선을 파악했는가?

✓ 03. 매장 내/외부

☐ 도로변으로 접한 면이 넓은가?

☐ 코너에 위치했는가?

☐ 내부구조를 파악했는가?

☐ 출입구의 문턱이 낮은가?

☐ 매장 천장이 높은가?

☐ 복층 구조가 가능한가?

☐ 방수나 누수의 흔적이 있는가?

☐ 매장 중앙에 기둥이 여러 개 있는가?

✓ 04. 주변시설

☐ 충분한 주차공간이 있는가?

✓ 05. 현황

☐ 현재 영업상태가 양호한가?

☐ 층별 업종 구성을 파악했는가?

☐ 경업 금지에 해당하는가?

☐ 상권 내 경쟁시설이 있는가?

☐ 개별 냉난방인가?

☐ 엘리베이터가 있는가?

☐ 건물이 노후되지는 않았는가?

✓ 06. 시세

☐ 매매가는 얼마인가?

☐ 급매가는 얼마인가?

☐ 임대가는 얼마인가?

☐ 공인중개사 연락처는?

☐ 권리금은 얼마인가?

☐ 관리비는 얼마인가?

☐ 미납 관리비는 얼마인가?

☐ 상가 내 공실이 많은가? (공실률)

▨ 관리소 연락처 :

명함 & 전화번호부

임장노트

날짜 | 년   월   일

거래 | □ 매매 □ 전세 □ 월세

관심지역	실거래가	관리비
물건명	매매가	취득세
준공년월	전세가	중개수수료
평수	보증금·월세	양도세

호가 _____

입주가능일 _____

방·욕실수 _____

현관구조 _____

최저·최고층 _____

주차대수 _____

배정학교 _____

방향 _____

지역 호재 및 악재

호재·장점

악재·단점

MEMO

상업용 부동산 체크리스트

✓ 01. 입지여건
□ 유동인구가 많은 상가인가?
□ 유동인구의 동선을 파악했는가?
□ 매장 앞 복도의 폭이 넓은가?
□ 노점상이 밀집한 지역인가?
□ 지하철역, 버스정류장과 가까운가?

✓ 02. 상권
□ 배후단지의 규모가 최소 500가구 이상인가?
□ 배후단지의 성격이 사업 종목과 어울리는가?
□ 배후단지 거주자의 경제수준을 파악했는가?
□ 배후단지 거주자의 연령대를 파악했는가?
□ 통행차량의 동선을 파악했는가?
□ 유동인구의 동선을 파악했는가?

✓ 03. 매장 내/외부
□ 도로변으로 접한 면이 넓은가?
□ 코너에 위치했는가?
□ 내부구조를 파악했는가?
□ 출입구의 문턱이 낮은가?
□ 매장 천장이 높은가?
□ 복층 구조가 가능한가?
□ 방수나 누수의 흔적이 있는가?
□ 매장 중앙에 기둥이 여러 개 있는가?

✓ 04. 주변시설
□ 충분한 주차공간이 있는가?

✓ 05. 현황
□ 현재 영업상태가 양호한가?
□ 층별 업종 구성을 파악했는가?
□ 경업 금지에 해당하는가?
□ 상권 내 경쟁시설이 있는가?
□ 개별 냉난방인가?
□ 엘리베이터가 있는가?
□ 건물이 노후되지는 않았는가?

✓ 06. 시세
□ 매매가는 얼마인가?
□ 급매가는 얼마인가?
□ 임대가는 얼마인가?
□ 공인중개사 연락처는?
□ 권리금은 얼마인가?
□ 관리비는 얼마인가?
□ 미납 관리비는 얼마인가?
□ 상가 내 공실이 많은가? (공실률)

▨ 관리소 연락처 :

명함 & 전화번호부

임장노트

날짜 | 년   월   일   거래 | □ 매매 □ 전세 □ 월세

관심지역 _____   실거래가 _____   관리비 _____

물건명 _____   매매가 _____   취득세 _____

준공년월 _____   전세가 _____   중개수수료 _____

평수 _____   보증금·월세 _____   양도세 _____

호가 _____

입주가능일 _____

방·욕실수 _____

현관구조 _____

최저·최고층 _____

주차대수 _____

배정학교 _____

방향 _____

지역 호재 및 악재

호재·장점

악재·단점

MEMO

상업용 부동산 체크리스트

✓ 01. 입지여건

☐ 유동인구가 많은 상가인가?

☐ 유동인구의 동선을 파악했는가?

☐ 매장 앞 복도의 폭이 넓은가?

☐ 노점상이 밀집한 지역인가?

☐ 지하철역, 버스정류장과 가까운가?

✓ 02. 상권

☐ 배후단지의 규모가 최소 500가구 이상인가?

☐ 배후단지의 성격이 사업 종목과 어울리는가?

☐ 배후단지 거주자의 경제수준을 파악했는가?

☐ 배후단지 거주자의 연령대를 파악했는가?

☐ 통행차량의 동선을 파악했는가?

☐ 유동인구의 동선을 파악했는가?

✓ 03. 매장 내/외부

☐ 도로변으로 접한 면이 넓은가?

☐ 코너에 위치했는가?

☐ 내부구조를 파악했는가?

☐ 출입구의 문턱이 낮은가?

☐ 매장 천장이 높은가?

☐ 복층 구조가 가능한가?

☐ 방수나 누수의 흔적이 있는가?

☐ 매장 중앙에 기둥이 여러 개 있는가?

✓ 04. 주변시설

☐ 충분한 주차공간이 있는가?

✓ 05. 현황

☐ 현재 영업상태가 양호한가?

☐ 층별 업종 구성을 파악했는가?

☐ 경업 금지에 해당하는가?

☐ 상권 내 경쟁시설이 있는가?

☐ 개별 냉난방인가?

☐ 엘리베이터가 있는가?

☐ 건물이 노후되지는 않았는가?

✓ 06. 시세

☐ 매매가는 얼마인가?

☐ 급매가는 얼마인가?

☐ 임대가는 얼마인가?

☐ 공인중개사 연락처는?

☐ 권리금은 얼마인가?

☐ 관리비는 얼마인가?

☐ 미납 관리비는 얼마인가?

☐ 상가 내 공실이 많은가? (공실률)

▨ 관리소 연락처 :

명함 & 전화번호부

임장노트

날짜 |　　　년　　　월　　　일　　　　거래 | □ 매매　□ 전세　□ 월세

관심지역 _____　　실거래가 _____　　관리비 _____

물건명 _____　　매매가 _____　　취득세 _____

준공년월 _____　　전세가 _____　　중개수수료 _____

평수 _____　　보증금·월세 _____　　양도세 _____

호가 _____

입주가능일 _____

방·욕실수 _____

현관구조 _____

최저·최고층 _____

주차대수 _____

배정학교 _____

방향 _____

지역 호재 및 악재

호재·장점

악재·단점

MEMO

구매하기 전 반드시 확인해야 할
상업용 부동산 체크리스트

✓ 01. 입지여건
☐ 유동인구가 많은 상가인가?
☐ 유동인구의 동선을 파악했는가?
☐ 매장 앞 복도의 폭이 넓은가?
☐ 노점상이 밀집한 지역인가?
☐ 지하철역, 버스정류장과 가까운가?

✓ 02. 상권
☐ 배후단지의 규모가 최소 500가구 이상인가?
☐ 배후단지의 성격이 사업 종목과 어울리는가?
☐ 배후단지 거주자의 경제수준을 파악했는가?
☐ 배후단지 거주자의 연령대를 파악했는가?
☐ 통행차량의 동선을 파악했는가?
☐ 유동인구의 동선을 파악했는가?

✓ 03. 매장 내/외부
☐ 도로변으로 접한 면이 넓은가?
☐ 코너에 위치했는가?
☐ 내부구조를 파악했는가?
☐ 출입구의 문턱이 낮은가?
☐ 매장 천장이 높은가?
☐ 복층 구조가 가능한가?
☐ 방수나 누수의 흔적이 있는가?
☐ 매장 중앙에 기둥이 여러 개 있는가?

✓ 04. 주변시설
☐ 충분한 주차공간이 있는가?

✓ 05. 현황
☐ 현재 영업상태가 양호한가?
☐ 층별 업종 구성을 파악했는가?
☐ 경업 금지에 해당하는가?
☐ 상권 내 경쟁시설이 있는가?
☐ 개별 냉난방인가?
☐ 엘리베이터가 있는가?
☐ 건물이 노후되지는 않았는가?

✓ 06. 시세
☐ 매매가는 얼마인가?
☐ 급매가는 얼마인가?
☐ 임대가는 얼마인가?
☐ 공인중개사 연락처는?
☐ 권리금은 얼마인가?
☐ 관리비는 얼마인가?
☐ 미납 관리비는 얼마인가?
☐ 상가 내 공실이 많은가? (공실률)

▨ 관리소 연락처 :

명함 & 전화번호부

임장노트

날짜 | 년   월   일   **거래 |** □ 매매 □ 전세 □ 월세

관심지역 _____

물건명 _____

준공년월 _____

평수 _____

실거래가 _____

매매가 _____

전세가 _____

보증금·월세 _____

관리비 _____

취득세 _____

중개수수료 _____

양도세 _____

호가 _____

입주가능일 _____

방·욕실수 _____

현관구조 _____

최저·최고층 _____

주차대수 _____

배정학교 _____

방향 _____

지역 호재 및 악재

호재·장점

악재·단점

MEMO

구매하기 전 반드시 확인해야 할
상업용 부동산 체크리스트

✓ 01. 입지여건
- ☐ 유동인구가 많은 상가인가?
- ☐ 유동인구의 동선을 파악했는가?
- ☐ 매장 앞 복도의 폭이 넓은가?
- ☐ 노점상이 밀집한 지역인가?
- ☐ 지하철역, 버스정류장과 가까운가?

✓ 02. 상권
- ☐ 배후단지의 규모가 최소 500가구 이상인가?
- ☐ 배후단지의 성격이 사업 종목과 어울리는가?
- ☐ 배후단지 거주자의 경제수준을 파악했는가?
- ☐ 배후단지 거주자의 연령대를 파악했는가?
- ☐ 통행차량의 동선을 파악했는가?
- ☐ 유동인구의 동선을 파악했는가?

✓ 03. 매장 내/외부
- ☐ 도로변으로 접한 면이 넓은가?
- ☐ 코너에 위치했는가?
- ☐ 내부구조를 파악했는가?
- ☐ 출입구의 문턱이 낮은가?
- ☐ 매장 천장이 높은가?
- ☐ 복층 구조가 가능한가?
- ☐ 방수나 누수의 흔적이 있는가?
- ☐ 매장 중앙에 기둥이 여러 개 있는가?

✓ 04. 주변시설
- ☐ 충분한 주차공간이 있는가?

✓ 05. 현황
- ☐ 현재 영업상태가 양호한가?
- ☐ 층별 업종 구성을 파악했는가?
- ☐ 경업 금지에 해당하는가?
- ☐ 상권 내 경쟁시설이 있는가?
- ☐ 개별 냉난방인가?
- ☐ 엘리베이터가 있는가?
- ☐ 건물이 노후되지는 않았는가?

✓ 06. 시세
- ☐ 매매가는 얼마인가?
- ☐ 급매가는 얼마인가?
- ☐ 임대가는 얼마인가?
- ☐ 공인중개사 연락처는?
- ☐ 권리금은 얼마인가?
- ☐ 관리비는 얼마인가?
- ☐ 미납 관리비는 얼마인가?
- ☐ 상가 내 공실이 많은가? (공실률)

▨ 관리소 연락처 :

명함 & 전화번호부

임장노트

날짜 | 년   월   일   거래 | ☐ 매매 ☐ 전세 ☐ 월세

관심지역	_____	실거래가	_____	관리비	_____
물건명	_____	매매가	_____	취득세	_____
준공년월	_____	전세가	_____	중개수수료	_____
평수	_____	보증금·월세	_____	양도세	_____

호가	_____
입주가능일	_____
방·욕실수	_____
현관구조	_____
최저·최고층	_____
주차대수	_____
배정학교	_____
방향	_____

지역 호재 및 악재

호재·장점

악재·단점

MEMO

구매하기 전 반드시 확인해야 할
상업용 부동산 체크리스트

✓ 01. 입지여건

□ 유동인구가 많은 상가인가?

□ 유동인구의 동선을 파악했는가?

□ 매장 앞 복도의 폭이 넓은가?

□ 노점상이 밀집한 지역인가?

□ 지하철역, 버스정류장과 가까운가?

✓ 02. 상권

□ 배후단지의 규모가 최소 500가구 이상인가?

□ 배후단지의 성격이 사업 종목과 어울리는가?

□ 배후단지 거주자의 경제수준을 파악했는가?

□ 배후단지 거주자의 연령대를 파악했는가?

□ 통행차량의 동선을 파악했는가?

□ 유동인구의 동선을 파악했는가?

✓ 03. 매장 내/외부

□ 도로변으로 접한 면이 넓은가?

□ 코너에 위치했는가?

□ 내부구조를 파악했는가?

□ 출입구의 문턱이 낮은가?

□ 매장 천장이 높은가?

□ 복층 구조가 가능한가?

□ 방수나 누수의 흔적이 있는가?

□ 매장 중앙에 기둥이 여러 개 있는가?

✓ 04. 주변시설

□ 충분한 주차공간이 있는가?

✓ 05. 현황

□ 현재 영업상태가 양호한가?

□ 층별 업종 구성을 파악했는가?

□ 겸업 금지에 해당하는가?

□ 상권 내 경쟁시설이 있는가?

□ 개별 냉난방인가?

□ 엘리베이터가 있는가?

□ 건물이 노후되지는 않았는가?

✓ 06. 시세

□ 매매가는 얼마인가?

□ 급매가는 얼마인가?

□ 임대가는 얼마인가?

□ 공인중개사 연락처는?

□ 권리금은 얼마인가?

□ 관리비는 얼마인가?

□ 미납 관리비는 얼마인가?

□ 상가 내 공실이 많은가? (공실률)

▨ 관리소 연락처 :

명함 & 전화번호부

임장노트

날짜 |　　년　　월　　일　　　　**거래 |　□ 매매　□ 전세　□ 월세**

관심지역 _____　　실거래가 _____　　관리비 _____

물건명 _____　　매매가 _____　　취득세 _____

준공년월 _____　　전세가 _____　　중개수수료 _____

평수 _____　　보증금·월세 _____　　양도세 _____

호가 _____

입주가능일 _____

방·욕실수 _____

현관구조 _____

최저·최고층 _____

주차대수 _____

배정학교 _____

방향 _____

지역 호재 및 악재

호재·장점

악재·단점

MEMO

구매하기 전 반드시 확인해야 할
상업용 부동산 체크리스트

✓ **01. 입지여건**

☐ 유동인구가 많은 상가인가?

☐ 유동인구의 동선을 파악했는가?

☐ 매장 앞 복도의 폭이 넓은가?

☐ 노점상이 밀집한 지역인가?

☐ 지하철역, 버스정류장과 가까운가?

✓ **02. 상권**

☐ 배후단지의 규모가 최소 500가구 이상인가?

☐ 배후단지의 성격이 사업 종목과 어울리는가?

☐ 배후단지 거주자의 경제수준을 파악했는가?

☐ 배후단지 거주자의 연령대를 파악했는가?

☐ 통행차량의 동선을 파악했는가?

☐ 유동인구의 동선을 파악했는가?

✓ **03. 매장 내/외부**

☐ 도로변으로 접한 면이 넓은가?

☐ 코너에 위치했는가?

☐ 내부구조를 파악했는가?

☐ 출입구의 문턱이 낮은가?

☐ 매장 천장이 높은가?

☐ 복층 구조가 가능한가?

☐ 방수나 누수의 흔적이 있는가?

☐ 매장 중앙에 기둥이 여러 개 있는가?

✓ **04. 주변시설**

☐ 충분한 주차공간이 있는가?

✓ **05. 현황**

☐ 현재 영업상태가 양호한가?

☐ 층별 업종 구성을 파악했는가?

☐ 경업 금지에 해당하는가?

☐ 상권 내 경쟁시설이 있는가?

☐ 개별 냉난방인가?

☐ 엘리베이터가 있는가?

☐ 건물이 노후되지는 않았는가?

✓ **06. 시세**

☐ 매매가는 얼마인가?

☐ 급매가는 얼마인가?

☐ 임대가는 얼마인가?

☐ 공인중개사 연락처는?

☐ 권리금은 얼마인가?

☐ 관리비는 얼마인가?

☐ 미납 관리비는 얼마인가?

☐ 상가 내 공실이 많은가? (공실률)

▨ 관리소 연락처 :

명함 & 전화번호부

임장노트

날짜 l   년   월   일   거래 l □ 매매 □ 전세 □ 월세

관심지역 _____   실거래가 _____   관리비 _____

물건명 _____   매매가 _____   취득세 _____

준공년월 _____   전세가 _____   중개수수료 _____

평수 _____   보증금·월세 _____   양도세 _____

호가 _____

입주가능일 _____

방·욕실수 _____

현관구조 _____

최저·최고층 _____

주차대수 _____

배정학교 _____

방향 _____

지역 호재 및 약재

호재·장점

약재·단점

MEMO

구매하기 전 반드시 확인해야 할
상업용 부동산 체크리스트

✓ **01. 입지여건**

☐ 유동인구가 많은 상가인가?

☐ 유동인구의 동선을 파악했는가?

☐ 매장 앞 복도의 폭이 넓은가?

☐ 노점상이 밀집한 지역인가?

☐ 지하철역, 버스정류장과 가까운가?

✓ **02. 상권**

☐ 배후단지의 규모가 최소 500가구 이상인가?

☐ 배후단지의 성격이 사업 종목과 어울리는가?

☐ 배후단지 거주자의 경제수준을 파악했는가?

☐ 배후단지 거주자의 연령대를 파악했는가?

☐ 통행차량의 동선을 파악했는가?

☐ 유동인구의 동선을 파악했는가?

✓ **03. 매장 내/외부**

☐ 도로변으로 접한 면이 넓은가?

☐ 코너에 위치했는가?

☐ 내부구조를 파악했는가?

☐ 출입구의 문턱이 낮은가?

☐ 매장 천장이 높은가?

☐ 복층 구조가 가능한가?

☐ 방수나 누수의 흔적이 있는가?

☐ 매장 중앙에 기둥이 여러 개 있는가?

✓ **04. 주변시설**

☐ 충분한 주차공간이 있는가?

✓ **05. 현황**

☐ 현재 영업상태가 양호한가?

☐ 층별 업종 구성을 파악했는가?

☐ 경업 금지에 해당하는가?

☐ 상권 내 경쟁시설이 있는가?

☐ 개별 냉난방인가?

☐ 엘리베이터가 있는가?

☐ 건물이 노후되지는 않았는가?

✓ **06. 시세**

☐ 매매가는 얼마인가?

☐ 급매가는 얼마인가?

☐ 임대가는 얼마인가?

☐ 공인중개사 연락처는?

☐ 권리금은 얼마인가?

☐ 관리비는 얼마인가?

☐ 미납 관리비는 얼마인가?

☐ 상가 내 공실이 많은가? (공실률)

▧ 관리소 연락처 :

명함 & 전화번호부

임장노트

날짜 |　　　년　　　월　　　일　　　　　　거래 | ☐ 매매　☐ 전세　☐ 월세

관심지역　＿＿＿＿＿　　실거래가　＿＿＿＿＿　　관리비　＿＿＿＿＿

물건명　＿＿＿＿＿　　매매가　＿＿＿＿＿　　취득세　＿＿＿＿＿

준공년월　＿＿＿＿＿　　전세가　＿＿＿＿＿　　중개수수료　＿＿＿＿＿

평수　＿＿＿＿＿　　보증금·월세　＿＿＿＿＿　　양도세　＿＿＿＿＿

호가　＿＿＿＿＿

입주가능일　＿＿＿＿＿

방·욕실수　＿＿＿＿＿

현관구조　＿＿＿＿＿

최저·최고층　＿＿＿＿＿

주차대수　＿＿＿＿＿

배정학교　＿＿＿＿＿

방향　＿＿＿＿＿

지역 호재 및 악재

호재·장점

악재·단점

MEMO

구매하기 전 반드시 확인해야 할
상업용 부동산 체크리스트

✓ **01. 입지여건**

☐ 유동인구가 많은 상가인가?

☐ 유동인구의 동선을 파악했는가?

☐ 매장 앞 복도의 폭이 넓은가?

☐ 노점상이 밀집한 지역인가?

☐ 지하철역, 버스정류장과 가까운가?

✓ **02. 상권**

☐ 배후단지의 규모가 최소 500가구 이상인가?

☐ 배후단지의 성격이 사업 종목과 어울리는가?

☐ 배후단지 거주자의 경제수준을 파악했는가?

☐ 배후단지 거주자의 연령대를 파악했는가?

☐ 통행차량의 동선을 파악했는가?

☐ 유동인구의 동선을 파악했는가?

✓ **03. 매장 내/외부**

☐ 도로변으로 접한 면이 넓은가?

☐ 코너에 위치했는가?

☐ 내부구조를 파악했는가?

☐ 출입구의 문턱이 낮은가?

☐ 매장 천장이 높은가?

☐ 복층 구조가 가능한가?

☐ 방수나 누수의 흔적이 있는가?

☐ 매장 중앙에 기둥이 여러 개 있는가?

✓ **04. 주변시설**

☐ 충분한 주차공간이 있는가?

✓ **05. 현황**

☐ 현재 영업상태가 양호한가?

☐ 층별 업종 구성을 파악했는가?

☐ 경업 금지에 해당하는가?

☐ 상권 내 경쟁시설이 있는가?

☐ 개별 냉난방인가?

☐ 엘리베이터가 있는가?

☐ 건물이 노후되지는 않았는가?

✓ **06. 시세**

☐ 매매가는 얼마인가?

☐ 급매가는 얼마인가?

☐ 임대가는 얼마인가?

☐ 공인중개사 연락처는?

☐ 권리금은 얼마인가?

☐ 관리비는 얼마인가?

☐ 미납 관리비는 얼마인가?

☐ 상가 내 공실이 많은가? (공실률)

▨ 관리소 연락처 :

명함 & 전화번호부

임장노트

날짜 | 년   월   일   거래 | ☐ 매매   ☐ 전세   ☐ 월세

관심지역	실거래가	관리비
물건명	매매가	취득세
준공년월	전세가	중개수수료
평수	보증금·월세	양도세

호가 _____

입주가능일 _____

방·욕실수 _____

현관구조 _____

최저·최고층 _____

주차대수 _____

배정학교 _____

방향 _____

지역 호재 및 악재

호재·장점

악재·단점

MEMO

구매하기 전 반드시 확인해야 할
상업용 부동산 체크리스트

✓ **01. 입지여건**

☐ 유동인구가 많은 상가인가?

☐ 유동인구의 동선을 파악했는가?

☐ 매장 앞 복도의 폭이 넓은가?

☐ 노점상이 밀집한 지역인가?

☐ 지하철역, 버스정류장과 가까운가?

✓ **02. 상권**

☐ 배후단지의 규모가 최소 500가구 이상인가?

☐ 배후단지의 성격이 사업 종목과 어울리는가?

☐ 배후단지 거주자의 경제수준을 파악했는가?

☐ 배후단지 거주자의 연령대를 파악했는가?

☐ 통행차량의 동선을 파악했는가?

☐ 유동인구의 동선을 파악했는가?

✓ **03. 매장 내/외부**

☐ 도로변으로 접한 면이 넓은가?

☐ 코너에 위치했는가?

☐ 내부구조를 파악했는가?

☐ 출입구의 문턱이 낮은가?

☐ 매장 천장이 높은가?

☐ 복층 구조가 가능한가?

☐ 방수나 누수의 흔적이 있는가?

☐ 매장 중앙에 기둥이 여러 개 있는가?

✓ **04. 주변시설**

☐ 충분한 주차공간이 있는가?

✓ **05. 현황**

☐ 현재 영업상태가 양호한가?

☐ 층별 업종 구성을 파악했는가?

☐ 경업 금지에 해당하는가?

☐ 상권 내 경쟁시설이 있는가?

☐ 개별 냉난방인가?

☐ 엘리베이터가 있는가?

☐ 건물이 노후되지는 않았는가?

✓ **06. 시세**

☐ 매매가는 얼마인가?

☐ 급매가는 얼마인가?

☐ 임대가는 얼마인가?

☐ 공인중개사 연락처는?

☐ 권리금은 얼마인가?

☐ 관리비는 얼마인가?

☐ 미납 관리비는 얼마인가?

☐ 상가 내 공실이 많은가? (공실률)

▨ 관리소 연락처 :

명함 & 전화번호부

임장노트

날짜 | 년   월   일   **거래 |** □ 매매   □ 전세   □ 월세

관심지역	____	실거래가	____	관리비	____
물건명	____	매매가	____	취득세	____
준공년월	____	전세가	____	중개수수료	____
평수	____	보증금·월세	____	양도세	____

호가	____
입주가능일	____
방·욕실수	____
현관구조	____
최저·최고층	____
주차대수	____
배정학교	____
방향	____

지역 호재 및 악재

호재·장점

악재·단점

MEMO

구매하기 전 반드시 확인해야 할
상업용 부동산 체크리스트

✓ 01. 입지여건

☐ 유동인구가 많은 상가인가?

☐ 유동인구의 동선을 파악했는가?

☐ 매장 앞 복도의 폭이 넓은가?

☐ 노점상이 밀집한 지역인가?

☐ 지하철역, 버스정류장과 가까운가?

✓ 02. 상권

☐ 배후단지의 규모가 최소 500가구 이상인가?

☐ 배후단지의 성격이 사업 종목과 어울리는가?

☐ 배후단지 거주자의 경제수준을 파악했는가?

☐ 배후단지 거주자의 연령대를 파악했는가?

☐ 통행차량의 동선을 파악했는가?

☐ 유동인구의 동선을 파악했는가?

✓ 03. 매장 내/외부

☐ 도로변으로 접한 면이 넓은가?

☐ 코너에 위치했는가?

☐ 내부구조를 파악했는가?

☐ 출입구의 문턱이 낮은가?

☐ 매장 천장이 높은가?

☐ 복층 구조가 가능한가?

☐ 방수나 누수의 흔적이 있는가?

☐ 매장 중앙에 기둥이 여러 개 있는가?

✓ 04. 주변시설

☐ 충분한 주차공간이 있는가?

✓ 05. 현황

☐ 현재 영업상태가 양호한가?

☐ 층별 업종 구성을 파악했는가?

☐ 경업 금지에 해당하는가?

☐ 상권 내 경쟁시설이 있는가?

☐ 개별 냉난방인가?

☐ 엘리베이터가 있는가?

☐ 건물이 노후되지는 않았는가?

✓ 06. 시세

☐ 매매가는 얼마인가?

☐ 급매가는 얼마인가?

☐ 임대가는 얼마인가?

☐ 공인중개사 연락처는?

☐ 권리금은 얼마인가?

☐ 관리비는 얼마인가?

☐ 미납 관리비는 얼마인가?

☐ 상가 내 공실이 많은가? (공실률)

▨ 관리소 연락처 :

명함 & 전화번호부

임장노트

날짜 |　　　년　　　월　　　일　　　　거래 | □ 매매　□ 전세　□ 월세

관심지역	_____	실거래가	_____	관리비	_____
물건명	_____	매매가	_____	취득세	_____
준공년월	_____	전세가	_____	중개수수료	_____
평수	_____	보증금·월세	_____	양도세	_____

호가	_____
입주가능일	_____
방·욕실수	_____
현관구조	_____
최저·최고층	_____
주차대수	_____
배정학교	_____
방향	_____

지역 호재 및 악재

호재·장점

악재·단점

MEMO

구매하기 전 반드시 확인해야 할
상업용 부동산 체크리스트

✓ 01. 입지여건
- ☐ 유동인구가 많은 상가인가?
- ☐ 유동인구의 동선을 파악했는가?
- ☐ 매장 앞 복도의 폭이 넓은가?
- ☐ 노점상이 밀집한 지역인가?
- ☐ 지하철역, 버스정류장과 가까운가?

✓ 02. 상권
- ☐ 배후단지의 규모가 최소 500가구 이상인가?
- ☐ 배후단지의 성격이 사업 종목과 어울리는가?
- ☐ 배후단지 거주자의 경제수준을 파악했는가?
- ☐ 배후단지 거주자의 연령대를 파악했는가?
- ☐ 통행차량의 동선을 파악했는가?
- ☐ 유동인구의 동선을 파악했는가?

✓ 03. 매장 내/외부
- ☐ 도로변으로 접한 면이 넓은가?
- ☐ 코너에 위치했는가?
- ☐ 내부구조를 파악했는가?
- ☐ 출입구의 문턱이 낮은가?
- ☐ 매장 천장이 높은가?
- ☐ 복층 구조가 가능한가?
- ☐ 방수나 누수의 흔적이 있는가?
- ☐ 매장 중앙에 기둥이 여러 개 있는가?

✓ 04. 주변시설
- ☐ 충분한 주차공간이 있는가?

✓ 05. 현황
- ☐ 현재 영업상태가 양호한가?
- ☐ 층별 업종 구성을 파악했는가?
- ☐ 경업 금지에 해당하는가?
- ☐ 상권 내 경쟁시설이 있는가?
- ☐ 개별 냉난방인가?
- ☐ 엘리베이터가 있는가?
- ☐ 건물이 노후되지는 않았는가?

✓ 06. 시세
- ☐ 매매가는 얼마인가?
- ☐ 급매가는 얼마인가?
- ☐ 임대가는 얼마인가?
- ☐ 공인중개사 연락처는?
- ☐ 권리금은 얼마인가?
- ☐ 관리비는 얼마인가?
- ☐ 미납 관리비는 얼마인가?
- ☐ 상가 내 공실이 많은가? (공실률)

▨ 관리소 연락처 :

명함 & 전화번호부

임장노트

날짜 | 년 월 일 　　　　　**거래 |** ☐ 매매 ☐ 전세 ☐ 월세

관심지역 _____　　실거래가 _____　　관리비 _____

물건명 _____　　매매가 _____　　취득세 _____

준공년월 _____　　전세가 _____　　중개수수료 _____

평수 _____　　보증금 · 월세 _____　　양도세 _____

호가 _____

입주가능일 _____

방 · 욕실수 _____

현관구조 _____

최저 · 최고층 _____

주차대수 _____

배정학교 _____

방향 _____

지역 호재 및 악재

호재 · 장점

악재 · 단점

MEMO

구매하기 전 반드시 확인해야 할
상업용 부동산 체크리스트

✓ 01. 입지여건
- ☐ 유동인구가 많은 상가인가?
- ☐ 유동인구의 동선을 파악했는가?
- ☐ 매장 앞 복도의 폭이 넓은가?
- ☐ 노점상이 밀집한 지역인가?
- ☐ 지하철역, 버스정류장과 가까운가?

✓ 02. 상권
- ☐ 배후단지의 규모가 최소 500가구 이상인가?
- ☐ 배후단지의 성격이 사업 종목과 어울리는가?
- ☐ 배후단지 거주자의 경제수준을 파악했는가?
- ☐ 배후단지 거주자의 연령대를 파악했는가?
- ☐ 통행차량의 동선을 파악했는가?
- ☐ 유동인구의 동선을 파악했는가?

✓ 03. 매장 내/외부
- ☐ 도로변으로 접한 면이 넓은가?
- ☐ 코너에 위치했는가?
- ☐ 내부구조를 파악했는가?
- ☐ 출입구의 문턱이 낮은가?
- ☐ 매장 천장이 높은가?
- ☐ 복층 구조가 가능한가?
- ☐ 방수나 누수의 흔적이 있는가?
- ☐ 매장 중앙에 기둥이 여러 개 있는가?

✓ 04. 주변시설
- ☐ 충분한 주차공간이 있는가?

✓ 05. 현황
- ☐ 현재 영업상태가 양호한가?
- ☐ 층별 업종 구성을 파악했는가?
- ☐ 경업 금지에 해당하는가?
- ☐ 상권 내 경쟁시설이 있는가?
- ☐ 개별 냉난방인가?
- ☐ 엘리베이터가 있는가?
- ☐ 건물이 노후되지는 않았는가?

✓ 06. 시세
- ☐ 매매가는 얼마인가?
- ☐ 급매가는 얼마인가?
- ☐ 임대가는 얼마인가?
- ☐ 공인중개사 연락처는?
- ☐ 권리금은 얼마인가?
- ☐ 관리비는 얼마인가?
- ☐ 미납 관리비는 얼마인가?
- ☐ 상가 내 공실이 많은가? (공실률)

▧ 관리소 연락처 :

명함 & 전화번호부

임장노트

날짜 | 년   월   일   거래 | □ 매매 □ 전세 □ 월세

관심지역	
물건명	
준공년월	
평수	

실거래가	
매매가	
전세가	
보증금·월세	

관리비	
취득세	
중개수수료	
양도세	

호가	
입주가능일	
방·욕실수	
현관구조	
최저·최고층	
주차대수	
배정학교	
방향	

지역 호재 및 악재

호재·장점

악재·단점

MEMO

구매하기 전 반드시 확인해야 할
상업용 부동산 체크리스트

✓ **01. 입지여건**
□ 유동인구가 많은 상가인가?
□ 유동인구의 동선을 파악했는가?
□ 매장 앞 복도의 폭이 넓은가?
□ 노점상이 밀집한 지역인가?
□ 지하철역, 버스정류장과 가까운가?

✓ **02. 상권**
□ 배후단지의 규모가 최소 500가구 이상인가?
□ 배후단지의 성격이 사업 종목과 어울리는가?
□ 배후단지 거주자의 경제수준을 파악했는가?
□ 배후단지 거주자의 연령대를 파악했는가?
□ 통행차량의 동선을 파악했는가?
□ 유동인구의 동선을 파악했는가?

✓ **03. 매장 내/외부**
□ 도로변으로 접한 면이 넓은가?
□ 코너에 위치했는가?
□ 내부구조를 파악했는가?
□ 출입구의 문턱이 낮은가?
□ 매장 천장이 높은가?
□ 복층 구조가 가능한가?
□ 방수나 누수의 흔적이 있는가?
□ 매장 중앙에 기둥이 여러 개 있는가?

✓ **04. 주변시설**
□ 충분한 주차공간이 있는가?

✓ **05. 현황**
□ 현재 영업상태가 양호한가?
□ 층별 업종 구성을 파악했는가?
□ 경업 금지에 해당하는가?
□ 상권 내 경쟁시설이 있는가?
□ 개별 냉난방인가?
□ 엘리베이터가 있는가?
□ 건물이 노후되지는 않았는가?

✓ **06. 시세**
□ 매매가 얼마인가?
□ 급매가는 얼마인가?
□ 임대가는 얼마인가?
□ 공인중개사 연락처는?
□ 권리금은 얼마인가?
□ 관리비는 얼마인가?
□ 미납 관리비는 얼마인가?
□ 상가 내 공실이 많은가? (공실률)

▨ 관리소 연락처 :

◇◇

명함 & 전화번호부

임장노트

날짜 | 년   월   일   거래 | □ 매매 □ 전세 □ 월세

관심지역 _____	실거래가 _____	관리비 _____
물건명 _____	매매가 _____	취득세 _____
준공년월 _____	전세가 _____	중개수수료 _____
평수 _____	보증금·월세 _____	양도세 _____

호가 _____

입주가능일 _____

방·욕실수 _____

현관구조 _____

최저·최고층 _____

주차대수 _____

배정학교 _____

방향 _____

지역 호재 및 악재

호재·장점

악재·단점

MEMO

상업용 부동산 체크리스트

구매하기 전 반드시 확인해야 할

✓ 01. 입지여건

☐ 유동인구가 많은 상가인가?
☐ 유동인구의 동선을 파악했는가?
☐ 매장 앞 복도의 폭이 넓은가?
☐ 노점상이 밀집한 지역인가?
☐ 지하철역, 버스정류장과 가까운가?

✓ 02. 상권

☐ 배후단지의 규모가 최소 500가구 이상인가?
☐ 배후단지의 성격이 사업 종목과 어울리는가?
☐ 배후단지 거주자의 경제수준을 파악했는가?
☐ 배후단지 거주자의 연령대를 파악했는가?
☐ 통행차량의 동선을 파악했는가?
☐ 유동인구의 동선을 파악했는가?

✓ 03. 매장 내/외부

☐ 도로변으로 접한 면이 넓은가?
☐ 코너에 위치했는가?
☐ 내부구조를 파악했는가?
☐ 출입구의 문턱이 낮은가?
☐ 매장 천장이 높은가?
☐ 복층 구조가 가능한가?
☐ 방수나 누수의 흔적이 있는가?
☐ 매장 중앙에 기둥이 여러 개 있는가?

✓ 04. 주변시설

☐ 충분한 주차공간이 있는가?

✓ 05. 현황

☐ 현재 영업상태가 양호한가?
☐ 층별 업종 구성을 파악했는가?
☐ 경업 금지에 해당하는가?
☐ 상권 내 경쟁시설이 있는가?
☐ 개별 냉난방인가?
☐ 엘리베이터가 있는가?
☐ 건물이 노후되지는 않았는가?

✓ 06. 시세

☐ 매매가는 얼마인가?
☐ 급매가는 얼마인가?
☐ 임대가는 얼마인가?
☐ 공인중개사 연락처는?
☐ 권리금은 얼마인가?
☐ 관리비는 얼마인가?
☐ 미납 관리비는 얼마인가?
☐ 상가 내 공실이 많은가? (공실률)

▨ 관리소 연락처 :

명함 & 전화번호부

임장노트

날짜 | 년   월   일   거래 | □ 매매 □ 전세 □ 월세

관심지역	_____	실거래가	_____	관리비	_____
물건명	_____	매매가	_____	취득세	_____
준공년월	_____	전세가	_____	중개수수료	_____
평수	_____	보증금·월세	_____	양도세	_____

호가	_____
입주가능일	_____
방·욕실수	_____
현관구조	_____
최저·최고층	_____
주차대수	_____
배정학교	_____
방향	_____

지역 호재 및 약재

호재·장점

약재·단점

MEMO

상업용 부동산 체크리스트

✓ 01. 입지여건

☐ 유동인구가 많은 상가인가?
☐ 유동인구의 동선을 파악했는가?
☐ 매장 앞 복도의 폭이 넓은가?
☐ 노점상이 밀집한 지역인가?
☐ 지하철역, 버스정류장과 가까운가?

✓ 02. 상권

☐ 배후단지의 규모가 최소 500가구 이상인가?
☐ 배후단지의 성격이 사업 종목과 어울리는가?
☐ 배후단지 거주자의 경제수준을 파악했는가?
☐ 배후단지 거주자의 연령대를 파악했는가?
☐ 통행차량의 동선을 파악했는가?
☐ 유동인구의 동선을 파악했는가?

✓ 03. 매장 내/외부

☐ 도로변으로 접한 면이 넓은가?
☐ 코너에 위치했는가?
☐ 내부구조를 파악했는가?
☐ 출입구의 문턱이 낮은가?
☐ 매장 천장이 높은가?
☐ 복층 구조가 가능한가?
☐ 방수나 누수의 흔적이 있는가?
☐ 매장 중앙에 기둥이 여러 개 있는가?

✓ 04. 주변시설

☐ 충분한 주차공간이 있는가?

✓ 05. 현황

☐ 현재 영업상태가 양호한가?
☐ 층별 업종 구성을 파악했는가?
☐ 경업 금지에 해당하는가?
☐ 상권 내 경쟁시설이 있는가?
☐ 개별 냉난방인가?
☐ 엘리베이터가 있는가?
☐ 건물이 노후되지는 않았는가?

✓ 06. 시세

☐ 매매가는 얼마인가?
☐ 급매가는 얼마인가?
☐ 임대가는 얼마인가?
☐ 공인중개사 연락처는?
☐ 권리금은 얼마인가?
☐ 관리비는 얼마인가?
☐ 미납 관리비는 얼마인가?
☐ 상가 내 공실이 많은가? (공실률)

▨ 관리소 연락처 :

명함 & 전화번호부

임장노트

날짜 | 년   월   일   거래 | □ 매매 □ 전세 □ 월세

관심지역 _____   실거래가 _____   관리비 _____

물건명 _____   매매가 _____   취득세 _____

준공년월 _____   전세가 _____   중개수수료 _____

평수 _____   보증금·월세 _____   양도세 _____

호가 _____

입주가능일 _____

방·욕실수 _____

현관구조 _____

최저·최고층 _____

주차대수 _____

배정학교 _____

방향 _____

지역 호재 및 악재

호재·장점

악재·단점

MEMO

구매하기 전 반드시 확인해야 할
상업용 부동산 체크리스트

✓ 01. 입지여건
☐ 유동인구가 많은 상가인가?
☐ 유동인구의 동선을 파악했는가?
☐ 매장 앞 복도의 폭이 넓은가?
☐ 노점상이 밀집한 지역인가?
☐ 지하철역, 버스정류장과 가까운가?

✓ 02. 상권
☐ 배후단지의 규모가 최소 500가구 이상인가?
☐ 배후단지의 성격이 사업 종목과 어울리는가?
☐ 배후단지 거주자의 경제수준을 파악했는가?
☐ 배후단지 거주자의 연령대를 파악했는가?
☐ 통행차량의 동선을 파악했는가?
☐ 유동인구의 동선을 파악했는가?

✓ 03. 매장 내/외부
☐ 도로변으로 접한 면이 넓은가?
☐ 코너에 위치했는가?
☐ 내부구조를 파악했는가?
☐ 출입구의 문턱이 낮은가?
☐ 매장 천장이 높은가?
☐ 복층 구조가 가능한가?
☐ 방수나 누수의 흔적이 있는가?
☐ 매장 중앙에 기둥이 여러 개 있는가?

✓ 04. 주변시설
☐ 충분한 주차공간이 있는가?

✓ 05. 현황
☐ 현재 영업상태가 양호한가?
☐ 층별 업종 구성을 파악했는가?
☐ 경업 금지에 해당하는가?
☐ 상권 내 경쟁시설이 있는가?
☐ 개별 냉난방인가?
☐ 엘리베이터가 있는가?
☐ 건물이 노후되지는 않았는가?

✓ 06. 시세
☐ 매매가는 얼마인가?
☐ 급매가는 얼마인가?
☐ 임대가는 얼마인가?
☐ 공인중개사 연락처는?
☐ 권리금은 얼마인가?
☐ 관리비는 얼마인가?
☐ 미납 관리비는 얼마인가?
☐ 상가 내 공실이 많은가? (공실률)

▧ 관리소 연락처 :

명함 & 전화번호부

임장노트

날짜 | 년   월   일   거래 | □ 매매   □ 전세   □ 월세

관심지역	_____	실거래가	_____	관리비	_____
물건명	_____	매매가	_____	취득세	_____
준공년월	_____	전세가	_____	중개수수료	_____
평수	_____	보증금·월세	_____	양도세	_____

호가	_____
입주가능일	_____
방·욕실수	_____
현관구조	_____
최저·최고층	_____
주차대수	_____
배정학교	_____
방향	_____

지역 호재 및 악재

호재·장점

악재·단점

MEMO

상업용 부동산 체크리스트

✓ **01. 입지여건**

☐ 유동인구가 많은 상가인가?
☐ 유동인구의 동선을 파악했는가?
☐ 매장 앞 복도의 폭이 넓은가?
☐ 노점상이 밀집한 지역인가?
☐ 지하철역, 버스정류장과 가까운가?

✓ **02. 상권**

☐ 배후단지의 규모가 최소 500가구 이상인가?
☐ 배후단지의 성격이 사업 종목과 어울리는가?
☐ 배후단지 거주자의 경제수준을 파악했는가?
☐ 배후단지 거주자의 연령대를 파악했는가?
☐ 통행차량의 동선을 파악했는가?
☐ 유동인구의 동선을 파악했는가?

✓ **03. 매장 내/외부**

☐ 도로변으로 접한 면이 넓은가?
☐ 코너에 위치했는가?
☐ 내부구조를 파악했는가?
☐ 출입구의 문턱이 낮은가?
☐ 매장 천장이 높은가?
☐ 복층 구조가 가능한가?
☐ 방수나 누수의 흔적이 있는가?
☐ 매장 중앙에 기둥이 여러 개 있는가?

✓ **04. 주변시설**

☐ 충분한 주차공간이 있는가?

✓ **05. 현황**

☐ 현재 영업상태가 양호한가?
☐ 층별 업종 구성을 파악했는가?
☐ 경업 금지에 해당하는가?
☐ 상권 내 경쟁시설이 있는가?
☐ 개별 냉난방인가?
☐ 엘리베이터가 있는가?
☐ 건물이 노후되지는 않았는가?

✓ **06. 시세**

☐ 매매가는 얼마인가?
☐ 급매가는 얼마인가?
☐ 임대가는 얼마인가?
☐ 공인중개사 연락처는?
☐ 권리금은 얼마인가?
☐ 관리비는 얼마인가?
☐ 미납 관리비는 얼마인가?
☐ 상가 내 공실이 많은가? (공실률)

▨ 관리소 연락처 :

명함 & 전화번호부

임장노트

날짜 | 년   월   일   거래 | □ 매매 □ 전세 □ 월세

관심지역 _____

실거래가 _____

관리비 _____

물건명 _____

매매가 _____

취득세 _____

준공년월 _____

전세가 _____

중개수수료 _____

평수 _____

보증금·월세 _____

양도세 _____

호가 _____

입주가능일 _____

방·욕실수 _____

현관구조 _____

최저·최고층 _____

주차대수 _____

배정학교 _____

방향 _____

지역 호재 및 악재

호재·장점

악재·단점

MEMO

구매하기 전 반드시 확인해야 할
상업용 부동산 체크리스트

✓ 01. 입지여건
- □ 유동인구가 많은 상가인가?
- □ 유동인구의 동선을 파악했는가?
- □ 매장 앞 복도의 폭이 넓은가?
- □ 노점상이 밀집한 지역인가?
- □ 지하철역, 버스정류장과 가까운가?

✓ 02. 상권
- □ 배후단지의 규모가 최소 500가구 이상인가?
- □ 배후단지의 성격이 사업 종목과 어울리는가?
- □ 배후단지 거주자의 경제수준을 파악했는가?
- □ 배후단지 거주자의 연령대를 파악했는가?
- □ 통행차량의 동선을 파악했는가?
- □ 유동인구의 동선을 파악했는가?

✓ 03. 매장 내/외부
- □ 도로변으로 접한 면이 넓은가?
- □ 코너에 위치했는가?
- □ 내부구조를 파악했는가?
- □ 출입구의 문턱이 낮은가?
- □ 매장 천장이 높은가?
- □ 복층 구조가 가능한가?
- □ 방수나 누수의 흔적이 있는가?
- □ 매장 중앙에 기둥이 여러 개 있는가?

✓ 04. 주변시설
- □ 충분한 주차공간이 있는가?

✓ 05. 현황
- □ 현재 영업상태가 양호한가?
- □ 층별 업종 구성을 파악했는가?
- □ 경업 금지에 해당하는가?
- □ 상권 내 경쟁시설이 있는가?
- □ 개별 냉난방인가?
- □ 엘리베이터가 있는가?
- □ 건물이 노후되지는 않았는가?

✓ 06. 시세
- □ 매매가는 얼마인가?
- □ 급매가는 얼마인가?
- □ 임대가는 얼마인가?
- □ 공인중개사 연락처는?
- □ 권리금은 얼마인가?
- □ 관리비는 얼마인가?
- □ 미납 관리비는 얼마인가?
- □ 상가 내 공실이 많은가? (공실률)

▨ 관리소 연락처 :

명함 & 전화번호부

임장노트

날짜 | 년   월   일   **거래 |** □ 매매 □ 전세 □ 월세

관심지역 _____

물건명 _____

준공년월 _____

평수 _____

실거래가 _____

매매가 _____

전세가 _____

보증금·월세 _____

관리비 _____

취득세 _____

중개수수료 _____

양도세 _____

호가 _____

입주가능일 _____

방·욕실수 _____

현관구조 _____

최저·최고층 _____

주차대수 _____

배정학교 _____

방향 _____

지역 호재 및 악재

호재·장점

악재·단점

MEMO

구매하기 전 반드시 확인해야 할
토지 체크리스트

✓ 01. 취득목적
☐ 토지를 사는 이유를 확인했는가?

✓ 02. 지번 / 지목
☐ 해당 토지의 주소와 지목은?

✓ 03. 용도지역 : 지구 / 구역
☐ 해당 토지의 제한 사항들은?

✓ 04. 접하고 있는 도로 너비
☐ 도로와 접해있는가?
☐ 도로의 폭은 얼마나 되는가?

✓ 05. 토지모양 경사도
☐ 토지 모양은 어떤가?
☐ 토지의 경사도는 심한가?

✓ 06. 도시로서의 접근성
☐ 도심과 시간상 거리는 어떤가?

✓ 07. 혐오시설 여부
☐ 주변에 혐오시설이 있는가?

✓ 08. 형질변경 가능 여부 / 비용
☐ 토지를 개발할 수 있는가?
☐ 비용이 얼마나 드는지 확인했는가?

✓ 09. 건축 가능 여부 / 비용
☐ 건물을 지을 수 있는 토지인가?

✓ 10. 공부서류 간 내용 일치 여부
☐ 공부서류들의 내용이 서로 일치하는가?

✓ 11. 매매가 / 대출가능금액
☐ 토지 가격은?
☐ 대출 한도는?

✓ 12. 취득세 / 등기비용 / 중개수수료
☐ 취득세는 얼마인가?
☐ 등기비용은 얼마인가?
☐ 중개수수료는 얼마인가?
☐ 그 외 추가비용이 있는가?

명함 & 전화번호부

임장노트

날짜 | 년   월   일   거래 | □ 매매 □ 전세 □ 월세

관심지역 _____   실거래가 _____   관리비 _____

물건명 _____   매매가 _____   취득세 _____

준공년월 _____   전세가 _____   중개수수료 _____

평수 _____   보증금·월세 _____   양도세 _____

호가 _____

입주가능일 _____

방·욕실수 _____

현관구조 _____

최저·최고층 _____

주차대수 _____

배정학교 _____

방향 _____

지역 호재 및 악재

호재·장점

악재·단점

MEMO

구매하기 전 반드시 확인해야 할

토지 체크리스트

✓ **01. 취득목적**
□ 토지를 사는 이유를 확인했는가?

✓ **02. 지번 / 지목**
□ 해당 토지의 주소와 지목은?

✓ **03. 용도지역 : 지구 / 구역**
□ 해당 토지의 제한 사항들은?

✓ **04. 접하고 있는 도로 너비**
□ 도로와 접해있는가?
□ 도로의 폭은 얼마나 되는가?

✓ **05. 토지모양 경사도**
□ 토지 모양은 어떤가?
□ 토지의 경사도는 심한가?

✓ **06. 도시로서의 접근성**
□ 도심과 시간상 거리는 어떤가?

✓ **07. 혐오시설 여부**
□ 주변에 혐오시설이 있는가?

✓ **08. 형질변경 가능 여부 / 비용**
□ 토지를 개발할 수 있는가?
□ 비용이 얼마나 드는지 확인했는가?

✓ **09. 건축 가능 여부 / 비용**
□ 건물을 지을 수 있는 토지인가?

✓ **10. 공부서류 간 내용 일치 여부**
□ 공부서류들의 내용이 서로 일치하는가?

✓ **11. 매매가 / 대출가능금액**
□ 토지 가격은?
□ 대출 한도는?

✓ **12. 취득세 / 등기비용 / 중개수수료**
□ 취득세는 얼마인가?
□ 등기비용은 얼마인가?
□ 중개수수료는 얼마인가?
□ 그 외 추가비용이 있는가?

명함 & 전화번호부

임장노트

날짜 |　　년　　월　　일　　　　　　**거래 |　□ 매매　□ 전세　□ 월세**

관심지역 _____　　실거래가 _____　　관리비 _____

물건명 _____　　매매가 _____　　취득세 _____

준공년월 _____　　전세가 _____　　중개수수료 _____

평수 _____　　보증금·월세 _____　　양도세 _____

호가 _____

입주가능일 _____

방·욕실수 _____

현관구조 _____

최저·최고층 _____

주차대수 _____

배정학교 _____

방향 _____

지역 호재 및 악재

호재·장점

악재·단점

MEMO

구매하기 전 반드시 확인해야 할
토지 체크리스트

✓ **01. 취득목적**
□ 토지를 사는 이유를 확인했는가?

✓ **02. 지번 / 지목**
□ 해당 토지의 주소와 지목은?

✓ **03. 용도지역 : 지구 / 구역**
□ 해당 토지의 제한 사항들은?

✓ **04. 접하고 있는 도로 너비**
□ 도로와 접해있는가?
□ 도로의 폭은 얼마나 되는가?

✓ **05. 토지모양 경사도**
□ 토지 모양은 어떤가?
□ 토지의 경사도는 심한가?

✓ **06. 도시로서의 접근성**
□ 도심과 시간상 거리는 어떤가?

✓ **07. 혐오시설 여부**
□ 주변에 혐오시설이 있는가?

✓ **08. 형질변경 가능 여부 / 비용**
□ 토지를 개발할 수 있는가?
□ 비용이 얼마나 드는지 확인했는가?

✓ **09. 건축 가능 여부 / 비용**
□ 건물을 지을 수 있는 토지인가?

✓ **10. 공부서류 간 내용 일치 여부**
□ 공부서류들의 내용이 서로 일치하는가?

✓ **11. 매매가 / 대출가능금액**
□ 토지 가격은?
□ 대출 한도는?

✓ **12. 취득세 / 등기비용 / 중개수수료**
□ 취득세는 얼마인가?
□ 등기비용은 얼마인가?
□ 중개수수료는 얼마인가?
□ 그 외 추가비용이 있는가?

명함 & 전화번호부

임장노트

날짜 | 년   월   일   거래 | □ 매매 □ 전세 □ 월세

관심지역 _____   실거래가 _____   관리비 _____

물건명 _____   매매가 _____   취득세 _____

준공년월 _____   전세가 _____   중개수수료 _____

평수 _____   보증금·월세 _____   양도세 _____

호가 _____

입주가능일 _____

방·욕실수 _____

현관구조 _____

최저·최고층 _____

주차대수 _____

배정학교 _____

방향 _____

지역 호재 및 악재

호재·장점

악재·단점

MEMO

구매하기 전 반드시 확인해야 할
토지 체크리스트

✓ 01. 취득목적
☐ 토지를 사는 이유를 확인했는가?

✓ 02. 지번 / 지목
☐ 해당 토지의 주소와 지목은?

✓ 03. 용도지역 : 지구 / 구역
☐ 해당 토지의 제한 사항들은?

✓ 04. 접하고 있는 도로 너비
☐ 도로와 접해있는가?
☐ 도로의 폭은 얼마나 되는가?

✓ 05. 토지모양 경사도
☐ 토지 모양은 어떤가?
☐ 토지의 경사도는 심한가?

✓ 06. 도시로서의 접근성
☐ 도심과 시간상 거리는 어떤가?

✓ 07. 혐오시설 여부
☐ 주변에 혐오시설이 있는가?

✓ 08. 형질변경 가능 여부 / 비용
☐ 토지를 개발할 수 있는가?
☐ 비용이 얼마나 드는지 확인했는가?

✓ 09. 건축 가능 여부 / 비용
☐ 건물을 지을 수 있는 토지인가?

✓ 10. 공부서류 간 내용 일치 여부
☐ 공부서류들의 내용이 서로 일치하는가?

✓ 11. 매매가 / 대출가능금액
☐ 토지 가격은?
☐ 대출 한도는?

✓ 12. 취득세 / 등기비용 / 중개수수료
☐ 취득세는 얼마인가?
☐ 등기비용은 얼마인가?
☐ 중개수수료는 얼마인가?
☐ 그 외 추가비용이 있는가?

명함 & 전화번호부

임장노트

날짜 |　　　년　　　월　　　일　　　　　　거래 | □ 매매　□ 전세　□ 월세

관심지역 _____　　실거래가 _____　　관리비 _____

물건명 _____　　매매가 _____　　취득세 _____

준공년월 _____　　전세가 _____　　중개수수료 _____

평수 _____　　보증금·월세 _____　　양도세 _____

호가 _____

입주가능일 _____

방·욕실수 _____

현관구조 _____

최저·최고층 _____

주차대수 _____

배정학교 _____

방향 _____

지역 호재 및 악재

호재·장점

악재·단점

MEMO

구매하기 전 반드시 확인해야 할
토지 체크리스트

✓ **01. 취득목적**
□ 토지를 사는 이유를 확인했는가?

✓ **02. 지번 / 지목**
□ 해당 토지의 주소와 지목은?

✓ **03. 용도지역 : 지구 / 구역**
□ 해당 토지의 제한 사항들은?

✓ **04. 접하고 있는 도로 너비**
□ 도로와 접해있는가?
□ 도로의 폭은 얼마나 되는가?

✓ **05. 토지모양 경사도**
□ 토지 모양은 어떤가?
□ 토지의 경사도는 심한가?

✓ **06. 도시로서의 접근성**
□ 도심과 시간상 거리는 어떤가?

✓ **07. 혐오시설 여부**
□ 주변에 혐오시설이 있는가?

✓ **08. 형질변경 가능 여부 / 비용**
□ 토지를 개발할 수 있는가?
□ 비용이 얼마나 드는지 확인했는가?

✓ **09. 건축 가능 여부 / 비용**
□ 건물을 지을 수 있는 토지인가?

✓ **10. 공부서류 간 내용 일치 여부**
□ 공부서류들의 내용이 서로 일치하는가?

✓ **11. 매매가 / 대출가능금액**
□ 토지 가격은?
□ 대출 한도는?

✓ **12. 취득세 / 등기비용 / 중개수수료**
□ 취득세는 얼마인가?
□ 등기비용은 얼마인가?
□ 중개수수료는 얼마인가?
□ 그 외 추가비용이 있는가?

명함 & 전화번호부

임장노트

날짜 |　　년　　월　　일　　　　　거래 | □ 매매　□ 전세　□ 월세

관심지역 _____　　실거래가 _____　　관리비 _____

물건명 _____　　매매가 _____　　취득세 _____

준공년월 _____　　전세가 _____　　중개수수료 _____

평수 _____　　보증금・월세 _____　　양도세 _____

호가 _____

입주가능일 _____

방・욕실수 _____

현관구조 _____

최저・최고층 _____

주차대수 _____

배정학교 _____

방향 _____

지역 호재 및 악재

호재・장점

악재・단점

MEMO

구매하기 전 반드시 확인해야 할
토지 체크리스트

✓ **01. 취득목적**
☐ 토지를 사는 이유를 확인했는가?

✓ **02. 지번 / 지목**
☐ 해당 토지의 주소와 지목은?

✓ **03. 용도지역 : 지구 / 구역**
☐ 해당 토지의 제한 사항들은?

✓ **04. 접하고 있는 도로 너비**
☐ 도로와 접해있는가?
☐ 도로의 폭은 얼마나 되는가?

✓ **05. 토지모양 경사도**
☐ 토지 모양은 어떤가?
☐ 토지의 경사도는 심한가?

✓ **06. 도시로서의 접근성**
☐ 도심과 시간상 거리는 어떤가?

✓ **07. 혐오시설 여부**
☐ 주변에 혐오시설이 있는가?

✓ **08. 형질변경 가능 여부 / 비용**
☐ 토지를 개발할 수 있는가?
☐ 비용이 얼마나 드는지 확인했는가?

✓ **09. 건축 가능 여부 / 비용**
☐ 건물을 지을 수 있는 토지인가?

✓ **10. 공부서류 간 내용 일치 여부**
☐ 공부서류들의 내용이 서로 일치하는가?

✓ **11. 매매가 / 대출가능금액**
☐ 토지 가격은?
☐ 대출 한도는?

✓ **12. 취득세 / 등기비용 / 중개수수료**
☐ 취득세는 얼마인가?
☐ 등기비용은 얼마인가?
☐ 중개수수료는 얼마인가?
☐ 그 외 추가비용이 있는가?

명함 & 전화번호부

임장노트

날짜 | 　년　　월　　일　　　　　거래 | □ 매매　□ 전세　□ 월세

관심지역 _____　　실거래가 _____　　관리비 _____

물건명 _____　　매매가 _____　　취득세 _____

준공년월 _____　　전세가 _____　　중개수수료 _____

평수 _____　　보증금·월세 _____　　양도세 _____

호가 _____

입주가능일 _____

방·욕실수 _____

현관구조 _____

최저·최고층 _____

주차대수 _____

배정학교 _____

방향 _____

지역 호재 및 악재

호재·장점

악재·단점

MEMO

구매하기 전 반드시 확인해야 할

토지 체크리스트

✓ **01. 취득목적**
□ 토지를 사는 이유를 확인했는가?

✓ **02. 지번 / 지목**
□ 해당 토지의 주소와 지목은?

✓ **03. 용도지역 : 지구 / 구역**
□ 해당 토지의 제한 사항들은?

✓ **04. 접하고 있는 도로 너비**
□ 도로와 접해있는가?
□ 도로의 폭은 얼마나 되는가?

✓ **05. 토지모양 경사도**
□ 토지 모양은 어떤가?
□ 토지의 경사도는 심한가?

✓ **06. 도시로서의 접근성**
□ 도심과 시간상 거리는 어떤가?

✓ **07. 혐오시설 여부**
□ 주변에 혐오시설이 있는가?

✓ **08. 형질변경 가능 여부 / 비용**
□ 토지를 개발할 수 있는가?
□ 비용이 얼마나 드는지 확인했는가?

✓ **09. 건축 가능 여부 / 비용**
□ 건물을 지을 수 있는 토지인가?

✓ **10. 공부서류 간 내용 일치 여부**
□ 공부서류들의 내용이 서로 일치하는가?

✓ **11. 매매가 / 대출가능금액**
□ 토지 가격은?
□ 대출 한도는?

✓ **12. 취득세 / 등기비용 / 중개수수료**
□ 취득세는 얼마인가?
□ 등기비용은 얼마인가?
□ 중개수수료는 얼마인가?
□ 그 외 추가비용이 있는가?

명함 & 전화번호부

임장노트

날짜 | 년 월 일　　　　　**거래 |** □ 매매 □ 전세 □ 월세

관심지역	_____	실거래가	_____	관리비	_____
물건명	_____	매매가	_____	취득세	_____
준공년월	_____	전세가	_____	중개수수료	_____
평수	_____	보증금·월세	_____	양도세	_____

호가	_____
입주가능일	_____
방·욕실수	_____
현관구조	_____
최저·최고층	_____
주차대수	_____
배정학교	_____
방향	_____

지역 호재 및 악재

호재·장점

악재·단점

MEMO

구매하기 전 반드시 확인해야 할
토지 체크리스트

✓ **01. 취득목적**
☐ 토지를 사는 이유를 확인했는가?

✓ **02. 지번 / 지목**
☐ 해당 토지의 주소와 지목은?

✓ **03. 용도지역 : 지구 / 구역**
☐ 해당 토지의 제한 사항들은?

✓ **04. 접하고 있는 도로 너비**
☐ 도로와 접해있는가?
☐ 도로의 폭은 얼마나 되는가?

✓ **05. 토지모양 경사도**
☐ 토지 모양은 어떤가?
☐ 토지의 경사도는 심한가?

✓ **06. 도시로서의 접근성**
☐ 도심과 시간상 거리는 어떤가?

✓ **07. 혐오시설 여부**
☐ 주변에 혐오시설이 있는가?

✓ **08. 형질변경 가능 여부 / 비용**
☐ 토지를 개발할 수 있는가?
☐ 비용이 얼마나 드는지 확인했는가?

✓ **09. 건축 가능 여부 / 비용**
☐ 건물을 지을 수 있는 토지인가?

✓ **10. 공부서류 간 내용 일치 여부**
☐ 공부서류들의 내용이 서로 일치하는가?

✓ **11. 매매가 / 대출가능금액**
☐ 토지 가격은?
☐ 대출 한도는?

✓ **12. 취득세 / 등기비용 / 중개수수료**
☐ 취득세는 얼마인가?
☐ 등기비용은 얼마인가?
☐ 중개수수료는 얼마인가?
☐ 그 외 추가비용이 있는가?

명함 & 전화번호부

임장노트

날짜 |　　년　　월　　일　　　　　거래 | □ 매매　□ 전세　□ 월세

관심지역 ＿＿＿＿＿　　실거래가 ＿＿＿＿＿　　관리비 ＿＿＿＿＿

물건명 ＿＿＿＿＿　　매매가 ＿＿＿＿＿　　취득세 ＿＿＿＿＿

준공년월 ＿＿＿＿＿　　전세가 ＿＿＿＿＿　　중개수수료 ＿＿＿＿＿

평수 ＿＿＿＿＿　　보증금·월세 ＿＿＿＿＿　　양도세 ＿＿＿＿＿

호가 ＿＿＿＿＿

입주가능일 ＿＿＿＿＿

방·욕실수 ＿＿＿＿＿

현관구조 ＿＿＿＿＿

최저·최고층 ＿＿＿＿＿

주차대수 ＿＿＿＿＿

배정학교 ＿＿＿＿＿

방향 ＿＿＿＿＿

지역 호재 및 악재

호재·장점

악재·단점

MEMO

구매하기 전 반드시 확인해야 할
토지 체크리스트

✓ **01. 취득목적**
☐ 토지를 사는 이유를 확인했는가?

✓ **02. 지번 / 지목**
☐ 해당 토지의 주소와 지목은?

✓ **03. 용도지역 : 지구 / 구역**
☐ 해당 토지의 제한 사항들은?

✓ **04. 접하고 있는 도로 너비**
☐ 도로와 접해있는가?
☐ 도로의 폭은 얼마나 되는가?

✓ **05. 토지모양 경사도**
☐ 토지 모양은 어떤가?
☐ 토지의 경사도는 심한가?

✓ **06. 도시로서의 접근성**
☐ 도심과 시간상 거리는 어떤가?

✓ **07. 혐오시설 여부**
☐ 주변에 혐오시설이 있는가?

✓ **08. 형질변경 가능 여부 / 비용**
☐ 토지를 개발할 수 있는가?
☐ 비용이 얼마나 드는지 확인했는가?

✓ **09. 건축 가능 여부 / 비용**
☐ 건물을 지을 수 있는 토지인가?

✓ **10. 공부서류 간 내용 일치 여부**
☐ 공부서류들의 내용이 서로 일치하는가?

✓ **11. 매매가 / 대출가능금액**
☐ 토지 가격은?
☐ 대출 한도는?

✓ **12. 취득세 / 등기비용 / 중개수수료**
☐ 취득세는 얼마인가?
☐ 등기비용은 얼마인가?
☐ 중개수수료는 얼마인가?
☐ 그 외 추가비용이 있는가?

명함 & 전화번호부

임장노트

날짜 |　　　년　　　월　　　일　　　　　　　거래 |　□ 매매　□ 전세　□ 월세

관심지역 _____　　실거래가 _____　　관리비 _____

물건명 _____　　매매가 _____　　취득세 _____

준공년월 _____　　전세가 _____　　중개수수료 _____

평수 _____　　보증금·월세 _____　　양도세 _____

호가 _____

입주가능일 _____

방·욕실수 _____

현관구조 _____

최저·최고층 _____

주차대수 _____

배정학교 _____

방향 _____

지역 호재 및 악재

호재·장점

악재·단점

MEMO

구매하기 전 반드시 확인해야 할
토지 체크리스트

✓ **01. 취득목적**
☐ 토지를 사는 이유를 확인했는가?

✓ **02. 지번 / 지목**
☐ 해당 토지의 주소와 지목은?

✓ **03. 용도지역 : 지구 / 구역**
☐ 해당 토지의 제한 사항들은?

✓ **04. 접하고 있는 도로 너비**
☐ 도로와 접해있는가?
☐ 도로의 폭은 얼마나 되는가?

✓ **05. 토지모양 경사도**
☐ 토지 모양은 어떤가?
☐ 토지의 경사도는 심한가?

✓ **06. 도시로서의 접근성**
☐ 도심과 시간상 거리는 어떤가?

✓ **07. 혐오시설 여부**
☐ 주변에 혐오시설이 있는가?

✓ **08. 형질변경 가능 여부 / 비용**
☐ 토지를 개발할 수 있는가?
☐ 비용이 얼마나 드는지 확인했는가?

✓ **09. 건축 가능 여부 / 비용**
☐ 건물을 지을 수 있는 토지인가?

✓ **10. 공부서류 간 내용 일치 여부**
☐ 공부서류들의 내용이 서로 일치하는가?

✓ **11. 매매가 / 대출가능금액**
☐ 토지 가격은?
☐ 대출 한도는?

✓ **12. 취득세 / 등기비용 / 중개수수료**
☐ 취득세는 얼마인가?
☐ 등기비용은 얼마인가?
☐ 중개수수료는 얼마인가?
☐ 그 외 추가비용이 있는가?

명함 & 전화번호부

임장노트

날짜 | 　　　년　　　월　　　일　　　　　거래 | ☐ 매매 ☐ 전세 ☐ 월세

관심지역	실거래가	관리비
물건명	매매가	취득세
준공년월	전세가	중개수수료
평수	보증금·월세	양도세

호가 _____

입주가능일 _____

방·욕실수 _____

현관구조 _____

최저·최고층 _____

주차대수 _____

배정학교 _____

방향 _____

지역 호재 및 악재

호재·장점

악재·단점

MEMO

구매하기 전 반드시 확인해야 할

토지 체크리스트

✓ **01. 취득목적**
☐ 토지를 사는 이유를 확인했는가?

✓ **02. 지번 / 지목**
☐ 해당 토지의 주소와 지목은?

✓ **03. 용도지역 : 지구 / 구역**
☐ 해당 토지의 제한 사항들은?

✓ **04. 접하고 있는 도로 너비**
☐ 도로와 접해있는가?
☐ 도로의 폭은 얼마나 되는가?

✓ **05. 토지모양 경사도**
☐ 토지 모양은 어떤가?
☐ 토지의 경사도는 심한가?

✓ **06. 도시로서의 접근성**
☐ 도심과 시간상 거리는 어떤가?

✓ **07. 혐오시설 여부**
☐ 주변에 혐오시설이 있는가?

✓ **08. 형질변경 가능 여부 / 비용**
☐ 토지를 개발할 수 있는가?
☐ 비용이 얼마나 드는지 확인했는가?

✓ **09. 건축 가능 여부 / 비용**
☐ 건물을 지을 수 있는 토지인가?

✓ **10. 공부서류 간 내용 일치 여부**
☐ 공부서류들의 내용이 서로 일치하는가?

✓ **11. 매매가 / 대출가능금액**
☐ 토지 가격은?
☐ 대출 한도는?

✓ **12. 취득세 / 등기비용 / 중개수수료**
☐ 취득세는 얼마인가?
☐ 등기비용은 얼마인가?
☐ 중개수수료는 얼마인가?
☐ 그 외 추가비용이 있는가?

명함 & 전화번호부

임장노트

날짜 | 년   월   일   거래 | □ 매매 □ 전세 □ 월세

관심지역 _____   실거래가 _____   관리비 _____

물건명 _____   매매가 _____   취득세 _____

준공년월 _____   전세가 _____   중개수수료 _____

평수 _____   보증금·월세 _____   양도세 _____

호가 _____

입주가능일 _____

방·욕실수 _____

현관구조 _____

최저·최고층 _____

주차대수 _____

배정학교 _____

방향 _____

지역 호재 및 악재

호재·장점

악재·단점

MEMO

구매하기 전 반드시 확인해야 할
토지 체크리스트

✓ **01. 취득목적**
□ 토지를 사는 이유를 확인했는가?

✓ **02. 지번 / 지목**
□ 해당 토지의 주소와 지목은?

✓ **03. 용도지역 : 지구 / 구역**
□ 해당 토지의 제한 사항들은?

✓ **04. 접하고 있는 도로 너비**
□ 도로와 접해있는가?
□ 도로의 폭은 얼마나 되는가?

✓ **05. 토지모양 경사도**
□ 토지 모양은 어떤가?
□ 토지의 경사도는 심한가?

✓ **06. 도시로서의 접근성**
□ 도심과 시간상 거리는 어떤가?

✓ **07. 혐오시설 여부**
□ 주변에 혐오시설이 있는가?

✓ **08. 형질변경 가능 여부 / 비용**
□ 토지를 개발할 수 있는가?
□ 비용이 얼마나 드는지 확인했는가?

✓ **09. 건축 가능 여부 / 비용**
□ 건물을 지을 수 있는 토지인가?

✓ **10. 공부서류 간 내용 일치 여부**
□ 공부서류들의 내용이 서로 일치하는가?

✓ **11. 매매가 / 대출가능금액**
□ 토지 가격은?
□ 대출 한도는?

✓ **12. 취득세 / 등기비용 / 중개수수료**
□ 취득세는 얼마인가?
□ 등기비용은 얼마인가?
□ 중개수수료는 얼마인가?
□ 그 외 추가비용이 있는가?

명함 & 전화번호부

임장노트

날짜 | 년   월   일   거래 | ☐ 매매 ☐ 전세 ☐ 월세

관심지역 _____   실거래가 _____   관리비 _____

물건명 _____   매매가 _____   취득세 _____

준공년월 _____   전세가 _____   중개수수료 _____

평수 _____   보증금·월세 _____   양도세 _____

호가 _____

입주가능일 _____

방·욕실수 _____

현관구조 _____

최저·최고층 _____

주차대수 _____

배정학교 _____

방향 _____

지역 호재 및 악재

호재·장점

악재·단점

MEMO

구매하기 전 반드시 확인해야 할
토지 체크리스트

✓ **01. 취득목적**
☐ 토지를 사는 이유를 확인했는가?

✓ **02. 지번 / 지목**
☐ 해당 토지의 주소와 지목은?

✓ **03. 용도지역 : 지구 / 구역**
☐ 해당 토지의 제한 사항들은?

✓ **04. 접하고 있는 도로 너비**
☐ 도로와 접해있는가?
☐ 도로의 폭은 얼마나 되는가?

✓ **05. 토지모양 경사도**
☐ 토지 모양은 어떤가?
☐ 토지의 경사도는 심한가?

✓ **06. 도시로서의 접근성**
☐ 도심과 시간상 거리는 어떤가?

✓ **07. 혐오시설 여부**
☐ 주변에 혐오시설이 있는가?

✓ **08. 형질변경 가능 여부 / 비용**
☐ 토지를 개발할 수 있는가?
☐ 비용이 얼마나 드는지 확인했는가?

✓ **09. 건축 가능 여부 / 비용**
☐ 건물을 지을 수 있는 토지인가?

✓ **10. 공부서류 간 내용 일치 여부**
☐ 공부서류들의 내용이 서로 일치하는가?

✓ **11. 매매가 / 대출가능금액**
☐ 토지 가격은?
☐ 대출 한도는?

✓ **12. 취득세 / 등기비용 / 중개수수료**
☐ 취득세는 얼마인가?
☐ 등기비용은 얼마인가?
☐ 중개수수료는 얼마인가?
☐ 그 외 추가비용이 있는가?

명함 & 전화번호부

임장노트

날짜 | 년   월   일   거래 | ☐ 매매 ☐ 전세 ☐ 월세

관심지역	_____	실거래가	_____	관리비	_____
물건명	_____	매매가	_____	취득세	_____
준공년월	_____	전세가	_____	중개수수료	_____
평수	_____	보증금·월세	_____	양도세	_____

호가	_____
입주가능일	_____
방·욕실수	_____
현관구조	_____
최저·최고층	_____
주차대수	_____
배정학교	_____
방향	_____

지역 호재 및 악재

호재·장점

악재·단점

MEMO

구매하기 전 반드시 확인해야 할
토지 체크리스트

✓ **01. 취득목적**
☐ 토지를 사는 이유를 확인했는가?

✓ **02. 지번 / 지목**
☐ 해당 토지의 주소와 지목은?

✓ **03. 용도지역 : 지구 / 구역**
☐ 해당 토지의 제한 사항들은?

✓ **04. 접하고 있는 도로 너비**
☐ 도로와 접해있는가?
☐ 도로의 폭은 얼마나 되는가?

✓ **05. 토지모양 경사도**
☐ 토지 모양은 어떤가?
☐ 토지의 경사도는 심한가?

✓ **06. 도시로서의 접근성**
☐ 도심과 시간상 거리는 어떤가?

✓ **07. 혐오시설 여부**
☐ 주변에 혐오시설이 있는가?

✓ **08. 형질변경 가능 여부 / 비용**
☐ 토지를 개발할 수 있는가?
☐ 비용이 얼마나 드는지 확인했는가?

✓ **09. 건축 가능 여부 / 비용**
☐ 건물을 지을 수 있는 토지인가?

✓ **10. 공부서류 간 내용 일치 여부**
☐ 공부서류들의 내용이 서로 일치하는가?

✓ **11. 매매가 / 대출가능금액**
☐ 토지 가격은?
☐ 대출 한도는?

✓ **12. 취득세 / 등기비용 / 중개수수료**
☐ 취득세는 얼마인가?
☐ 등기비용은 얼마인가?
☐ 중개수수료는 얼마인가?
☐ 그 외 추가비용이 있는가?

명함 & 전화번호부

임장노트

날짜 | 년   월   일   거래 | □ 매매   □ 전세   □ 월세

관심지역 _____

물건명 _____

준공년월 _____

평수 _____

실거래가 _____

매매가 _____

전세가 _____

보증금·월세 _____

관리비 _____

취득세 _____

중개수수료 _____

양도세 _____

호가 _____

입주가능일 _____

방·욕실수 _____

현관구조 _____

최저·최고층 _____

주차대수 _____

배정학교 _____

방향 _____

지역 호재 및 악재

호재·장점

악재·단점

MEMO

구매하기 전 반드시 확인해야 할

토지 체크리스트

✓ **01. 취득목적**
☐ 토지를 사는 이유를 확인했는가?

✓ **02. 지번 / 지목**
☐ 해당 토지의 주소와 지목은?

✓ **03. 용도지역 : 지구 / 구역**
☐ 해당 토지의 제한 사항들은?

✓ **04. 접하고 있는 도로 너비**
☐ 도로와 접해있는가?
☐ 도로의 폭은 얼마나 되는가?

✓ **05. 토지모양 경사도**
☐ 토지 모양은 어떤가?
☐ 토지의 경사도는 심한가?

✓ **06. 도시로서의 접근성**
☐ 도심과 시간상 거리는 어떤가?

✓ **07. 혐오시설 여부**
☐ 주변에 혐오시설이 있는가?

✓ **08. 형질변경 가능 여부 / 비용**
☐ 토지를 개발할 수 있는가?
☐ 비용이 얼마나 드는지 확인했는가?

✓ **09. 건축 가능 여부 / 비용**
☐ 건물을 지을 수 있는 토지인가?

✓ **10. 공부서류 간 내용 일치 여부**
☐ 공부서류들의 내용이 서로 일치하는가?

✓ **11. 매매가 / 대출가능금액**
☐ 토지 가격은?
☐ 대출 한도는?

✓ **12. 취득세 / 등기비용 / 중개수수료**
☐ 취득세는 얼마인가?
☐ 등기비용은 얼마인가?
☐ 중개수수료는 얼마인가?
☐ 그 외 추가비용이 있는가?

명함 & 전화번호부

임장노트

날짜 | 년   월   일   거래 | □ 매매 □ 전세 □ 월세

관심지역	_____	실거래가	_____	관리비	_____
물건명	_____	매매가	_____	취득세	_____
준공년월	_____	전세가	_____	중개수수료	_____
평수	_____	보증금·월세	_____	양도세	_____

호가 _____

입주가능일 _____

방·욕실수 _____

현관구조 _____

최저·최고층 _____

주차대수 _____

배정학교 _____

방향 _____

지역 호재 및 악재

호재·장점

악재·단점

MEMO

구매하기 전 반드시 확인해야 할
토지 체크리스트

✓ **01. 취득목적**
☐ 토지를 사는 이유를 확인했는가?

✓ **02. 지번 / 지목**
☐ 해당 토지의 주소와 지목은?

✓ **03. 용도지역 : 지구 / 구역**
☐ 해당 토지의 제한 사항들은?

✓ **04. 접하고 있는 도로 너비**
☐ 도로와 접해있는가?
☐ 도로의 폭은 얼마나 되는가?

✓ **05. 토지모양 경사도**
☐ 토지 모양은 어떤가?
☐ 토지의 경사도는 심한가?

✓ **06. 도시로서의 접근성**
☐ 도심과 시간상 거리는 어떤가?

✓ **07. 혐오시설 여부**
☐ 주변에 혐오시설이 있는가?

✓ **08. 형질변경 가능 여부 / 비용**
☐ 토지를 개발할 수 있는가?
☐ 비용이 얼마나 드는지 확인했는가?

✓ **09. 건축 가능 여부 / 비용**
☐ 건물을 지을 수 있는 토지인가?

✓ **10. 공부서류 간 내용 일치 여부**
☐ 공부서류들의 내용이 서로 일치하는가?

✓ **11. 매매가 / 대출가능금액**
☐ 토지 가격은?
☐ 대출 한도는?

✓ **12. 취득세 / 등기비용 / 중개수수료**
☐ 취득세는 얼마인가?
☐ 등기비용은 얼마인가?
☐ 중개수수료는 얼마인가?
☐ 그 외 추가비용이 있는가?

명함 & 전화번호부

임장노트

날짜 |　　　년　　　월　　　일　　　　　거래 | □ 매매 □ 전세 □ 월세

관심지역	＿＿＿＿	실거래가	＿＿＿＿	관리비	＿＿＿＿
물건명	＿＿＿＿	매매가	＿＿＿＿	취득세	＿＿＿＿
준공년월	＿＿＿＿	전세가	＿＿＿＿	중개수수료	＿＿＿＿
평수	＿＿＿＿	보증금·월세	＿＿＿＿	양도세	＿＿＿＿

호가　＿＿＿＿

입주가능일　＿＿＿＿

방·욕실수　＿＿＿＿

현관구조　＿＿＿＿

최저·최고층　＿＿＿＿

주차대수　＿＿＿＿

배정학교　＿＿＿＿

방향　＿＿＿＿

지역 호재 및 악재

호재·장점

악재·단점

MEMO

토지 체크리스트

✓ **01. 취득목적**
☐ 토지를 사는 이유를 확인했는가?

✓ **02. 지번 / 지목**
☐ 해당 토지의 주소와 지목은?

✓ **03. 용도지역 : 지구 / 구역**
☐ 해당 토지의 제한 사항들은?

✓ **04. 접하고 있는 도로 너비**
☐ 도로와 접해있는가?
☐ 도로의 폭은 얼마나 되는가?

✓ **05. 토지모양 경사도**
☐ 토지 모양은 어떤가?
☐ 토지의 경사도는 심한가?

✓ **06. 도시로서의 접근성**
☐ 도심과 시간상 거리는 어떤가?

✓ **07. 혐오시설 여부**
☐ 주변에 혐오시설이 있는가?

✓ **08. 형질변경 가능 여부 / 비용**
☐ 토지를 개발할 수 있는가?
☐ 비용이 얼마나 드는지 확인했는가?

✓ **09. 건축 가능 여부 / 비용**
☐ 건물을 지을 수 있는 토지인가?

✓ **10. 공부서류 간 내용 일치 여부**
☐ 공부서류들의 내용이 서로 일치하는가?

✓ **11. 매매가 / 대출가능금액**
☐ 토지 가격은?
☐ 대출 한도는?

✓ **12. 취득세 / 등기비용 / 중개수수료**
☐ 취득세는 얼마인가?
☐ 등기비용은 얼마인가?
☐ 중개수수료는 얼마인가?
☐ 그 외 추가비용이 있는가?

명함 & 전화번호부

임장노트

날짜 | 년   월   일   거래 | □ 매매 □ 전세 □ 월세

관심지역 _____

물건명 _____

준공년월 _____

평수 _____

실거래가 _____

매매가 _____

전세가 _____

보증금·월세 _____

관리비 _____

취득세 _____

중개수수료 _____

양도세 _____

호가 _____

입주가능일 _____

방·욕실수 _____

현관구조 _____

최저·최고층 _____

주차대수 _____

배정학교 _____

방향 _____

지역 호재 및 악재

호재·장점

악재·단점

MEMO

구매하기 전 반드시 확인해야 할

토지 체크리스트

✓ **01. 취득목적**
☐ 토지를 사는 이유를 확인했는가?

✓ **02. 지번 / 지목**
☐ 해당 토지의 주소와 지목은?

✓ **03. 용도지역 : 지구 / 구역**
☐ 해당 토지의 제한 사항들은?

✓ **04. 접하고 있는 도로 너비**
☐ 도로와 접해있는가?
☐ 도로의 폭은 얼마나 되는가?

✓ **05. 토지모양 경사도**
☐ 토지 모양은 어떤가?
☐ 토지의 경사도는 심한가?

✓ **06. 도시로서의 접근성**
☐ 도심과 시간상 거리는 어떤가?

✓ **07. 혐오시설 여부**
☐ 주변에 혐오시설이 있는가?

✓ **08. 형질변경 가능 여부 / 비용**
☐ 토지를 개발할 수 있는가?
☐ 비용이 얼마나 드는지 확인했는가?

✓ **09. 건축 가능 여부 / 비용**
☐ 건물을 지을 수 있는 토지인가?

✓ **10. 공부서류 간 내용 일치 여부**
☐ 공부서류들의 내용이 서로 일치하는가?

✓ **11. 매매가 / 대출가능금액**
☐ 토지 가격은?
☐ 대출 한도는?

✓ **12. 취득세 / 등기비용 / 중개수수료**
☐ 취득세는 얼마인가?
☐ 등기비용은 얼마인가?
☐ 중개수수료는 얼마인가?
☐ 그 외 추가비용이 있는가?

명함 & 전화번호부

임장노트

날짜 |　년　월　일

거래 | □ 매매 □ 전세 □ 월세

관심지역 _____

물건명 _____

준공년월 _____

평수 _____

실거래가 _____

매매가 _____

전세가 _____

보증금·월세 _____

관리비 _____

취득세 _____

중개수수료 _____

양도세 _____

호가 _____

입주가능일 _____

방·욕실수 _____

현관구조 _____

최저·최고층 _____

주차대수 _____

배정학교 _____

방향 _____

지역 호재 및 악재

호재·장점

악재·단점

MEMO

구매하기 전 반드시 확인해야 할
토지 체크리스트

✓ **01. 취득목적**
☐ 토지를 사는 이유를 확인했는가?

✓ **02. 지번 / 지목**
☐ 해당 토지의 주소와 지목은?

✓ **03. 용도지역 : 지구 / 구역**
☐ 해당 토지의 제한 사항들은?

✓ **04. 접하고 있는 도로 너비**
☐ 도로와 접해있는가?
☐ 도로의 폭은 얼마나 되는가?

✓ **05. 토지모양 경사도**
☐ 토지 모양은 어떤가?
☐ 토지의 경사도는 심한가?

✓ **06. 도시로서의 접근성**
☐ 도심과 시간상 거리는 어떤가?

✓ **07. 혐오시설 여부**
☐ 주변에 혐오시설이 있는가?

✓ **08. 형질변경 가능 여부 / 비용**
☐ 토지를 개발할 수 있는가?
☐ 비용이 얼마나 드는지 확인했는가?

✓ **09. 건축 가능 여부 / 비용**
☐ 건물을 지을 수 있는 토지인가?

✓ **10. 공부서류 간 내용 일치 여부**
☐ 공부서류들의 내용이 서로 일치하는가?

✓ **11. 매매가 / 대출가능금액**
☐ 토지 가격은?
☐ 대출 한도는?

✓ **12. 취득세 / 등기비용 / 중개수수료**
☐ 취득세는 얼마인가?
☐ 등기비용은 얼마인가?
☐ 중개수수료는 얼마인가?
☐ 그 외 추가비용이 있는가?

명함 & 전화번호부

임장노트

날짜 |　　　년　　　월　　　일　　　　　　　거래 | □ 매매　□ 전세　□ 월세

관심지역 _____　　실거래가 _____　　관리비 _____

물건명 _____　　매매가 _____　　취득세 _____

준공년월 _____　　전세가 _____　　중개수수료 _____

평수 _____　　보증금・월세 _____　　양도세 _____

호가 _____

입주가능일 _____

방・욕실수 _____

현관구조 _____

최저・최고층 _____

주차대수 _____

배정학교 _____

방향 _____

지역 호재 및 악재

호재・장점

악재・단점

MEMO

구매하기 전 반드시 확인해야 할

토지 체크리스트

✓ **01. 취득목적**
□ 토지를 사는 이유를 확인했는가?

✓ **02. 지번 / 지목**
□ 해당 토지의 주소와 지목은?

✓ **03. 용도지역 : 지구 / 구역**
□ 해당 토지의 제한 사항들은?

✓ **04. 접하고 있는 도로 너비**
□ 도로와 접해있는가?
□ 도로의 폭은 얼마나 되는가?

✓ **05. 토지모양 경사도**
□ 토지 모양은 어떤가?
□ 토지의 경사도는 심한가?

✓ **06. 도시로서의 접근성**
□ 도심과 시간상 거리는 어떤가?

✓ **07. 혐오시설 여부**
□ 주변에 혐오시설이 있는가?

✓ **08. 형질변경 가능 여부 / 비용**
□ 토지를 개발할 수 있는가?
□ 비용이 얼마나 드는지 확인했는가?

✓ **09. 건축 가능 여부 / 비용**
□ 건물을 지을 수 있는 토지인가?

✓ **10. 공부서류 간 내용 일치 여부**
□ 공부서류들의 내용이 서로 일치하는가?

✓ **11. 매매가 / 대출가능금액**
□ 토지 가격은?
□ 대출 한도는?

✓ **12. 취득세 / 등기비용 / 중개수수료**
□ 취득세는 얼마인가?
□ 등기비용은 얼마인가?
□ 중개수수료는 얼마인가?
□ 그 외 추가비용이 있는가?

명함 & 전화번호부

임장노트

날짜 |　　　년　　　월　　　일　　　　　　거래 | □ 매매　□ 전세　□ 월세

관심지역 _____　　실거래가 _____　　관리비 _____

물건명 _____　　매매가 _____　　취득세 _____

준공년월 _____　　전세가 _____　　중개수수료 _____

평수 _____　　보증금·월세 _____　　양도세 _____

호가 _____

입주가능일 _____

방·욕실수 _____

현관구조 _____

최저·최고층 _____

주차대수 _____

배정학교 _____

방향 _____

지역 호재 및 악재

호재·장점

악재·단점

MEMO

토지 체크리스트

✓ **01. 취득목적**
□ 토지를 사는 이유를 확인했는가?

✓ **02. 지번 / 지목**
□ 해당 토지의 주소와 지목은?

✓ **03. 용도지역 : 지구 / 구역**
□ 해당 토지의 제한 사항들은?

✓ **04. 접하고 있는 도로 너비**
□ 도로와 접해있는가?
□ 도로의 폭은 얼마나 되는가?

✓ **05. 토지모양 경사도**
□ 토지 모양은 어떤가?
□ 토지의 경사도는 심한가?

✓ **06. 도시로서의 접근성**
□ 도심과 시간상 거리는 어떤가?

✓ **07. 혐오시설 여부**
□ 주변에 혐오시설이 있는가?

✓ **08. 형질변경 가능 여부 / 비용**
□ 토지를 개발할 수 있는가?
□ 비용이 얼마나 드는지 확인했는가?

✓ **09. 건축 가능 여부 / 비용**
□ 건물을 지을 수 있는 토지인가?

✓ **10. 공부서류 간 내용 일치 여부**
□ 공부서류들의 내용이 서로 일치하는가?

✓ **11. 매매가 / 대출가능금액**
□ 토지 가격은?
□ 대출 한도는?

✓ **12. 취득세 / 등기비용 / 중개수수료**
□ 취득세는 얼마인가?
□ 등기비용은 얼마인가?
□ 중개수수료는 얼마인가?
□ 그 외 추가비용이 있는가?

명함 & 전화번호부

임장노트

날짜 | 년   월   일   거래 | □ 매매 □ 전세 □ 월세

관심지역	_____	실거래가	_____	관리비	_____
물건명	_____	매매가	_____	취득세	_____
준공년월	_____	전세가	_____	중개수수료	_____
평수	_____	보증금·월세	_____	양도세	_____

		지역 호재 및 악재
호가	_____	호재·장점
입주가능일	_____	
방·욕실수	_____	
현관구조	_____	
최저·최고층	_____	악재·단점
주차대수	_____	
배정학교	_____	
방향	_____	

MEMO

구매하기 전 반드시 확인해야 할
토지 체크리스트

✓ **01. 취득목적**
☐ 토지를 사는 이유를 확인했는가?

✓ **02. 지번 / 지목**
☐ 해당 토지의 주소와 지목은?

✓ **03. 용도지역 : 지구 / 구역**
☐ 해당 토지의 제한 사항들은?

✓ **04. 접하고 있는 도로 너비**
☐ 도로와 접해있는가?
☐ 도로의 폭은 얼마나 되는가?

✓ **05. 토지모양 경사도**
☐ 토지 모양은 어떤가?
☐ 토지의 경사도는 심한가?

✓ **06. 도시로서의 접근성**
☐ 도심과 시간상 거리는 어떤가?

✓ **07. 혐오시설 여부**
☐ 주변에 혐오시설이 있는가?

✓ **08. 형질변경 가능 여부 / 비용**
☐ 토지를 개발할 수 있는가?
☐ 비용이 얼마나 드는지 확인했는가?

✓ **09. 건축 가능 여부 / 비용**
☐ 건물을 지을 수 있는 토지인가?

✓ **10. 공부서류 간 내용 일치 여부**
☐ 공부서류들의 내용이 서로 일치하는가?

✓ **11. 매매가 / 대출가능금액**
☐ 토지 가격은?
☐ 대출 한도는?

✓ **12. 취득세 / 등기비용 / 중개수수료**
☐ 취득세는 얼마인가?
☐ 등기비용은 얼마인가?
☐ 중개수수료는 얼마인가?
☐ 그 외 추가비용이 있는가?

명함 & 전화번호부

임장노트

날짜 |　　년　　월　　일　　　　거래 | □ 매매　□ 전세　□ 월세

관심지역　_____　　실거래가　_____　　관리비　_____

물건명　_____　　매매가　_____　　취득세　_____

준공년월　_____　　전세가　_____　　중개수수료　_____

평수　_____　　보증금·월세　_____　　양도세　_____

호가　_____

입주가능일　_____

방·욕실수　_____

현관구조　_____

최저·최고층　_____

주차대수　_____

배정학교　_____

방향　_____

지역 호재 및 악재

호재·장점

악재·단점

MEMO

구매하기 전 반드시 확인해야 할
토지 체크리스트

✓ **01. 취득목적**
☐ 토지를 사는 이유를 확인했는가?

✓ **02. 지번 / 지목**
☐ 해당 토지의 주소와 지목은?

✓ **03. 용도지역 : 지구 / 구역**
☐ 해당 토지의 제한 사항들은?

✓ **04. 접하고 있는 도로 너비**
☐ 도로와 접해있는가?
☐ 도로의 폭은 얼마나 되는가?

✓ **05. 토지모양 경사도**
☐ 토지 모양은 어떤가?
☐ 토지의 경사도는 심한가?

✓ **06. 도시로서의 접근성**
☐ 도심과 시간상 거리는 어떤가?

✓ **07. 혐오시설 여부**
☐ 주변에 혐오시설이 있는가?

✓ **08. 형질변경 가능 여부 / 비용**
☐ 토지를 개발할 수 있는가?
☐ 비용이 얼마나 드는지 확인했는가?

✓ **09. 건축 가능 여부 / 비용**
☐ 건물을 지을 수 있는 토지인가?

✓ **10. 공부서류 간 내용 일치 여부**
☐ 공부서류들의 내용이 서로 일치하는가?

✓ **11. 매매가 / 대출가능금액**
☐ 토지 가격은?
☐ 대출 한도는?

✓ **12. 취득세 / 등기비용 / 중개수수료**
☐ 취득세는 얼마인가?
☐ 등기비용은 얼마인가?
☐ 중개수수료는 얼마인가?
☐ 그 외 추가비용이 있는가?

명함 & 전화번호부

임장노트

날짜 | 년   월   일   거래 | ☐ 매매 ☐ 전세 ☐ 월세

관심지역	_____	실거래가	_____	관리비	_____
물건명	_____	매매가	_____	취득세	_____
준공년월	_____	전세가	_____	중개수수료	_____
평수	_____	보증금·월세	_____	양도세	_____

호가	_____
입주가능일	_____
방·욕실수	_____
현관구조	_____
최저·최고층	_____
주차대수	_____
배정학교	_____
방향	_____

지역 호재 및 악재

호재·장점

악재·단점

MEMO

구매하기 전 반드시 확인해야 할
토지 체크리스트

✓ **01. 취득목적**
□ 토지를 사는 이유를 확인했는가?

✓ **02. 지번 / 지목**
□ 해당 토지의 주소와 지목은?

✓ **03. 용도지역 : 지구 / 구역**
□ 해당 토지의 제한 사항들은?

✓ **04. 접하고 있는 도로 너비**
□ 도로와 접해있는가?
□ 도로의 폭은 얼마나 되는가?

✓ **05. 토지모양 경사도**
□ 토지 모양은 어떤가?
□ 토지의 경사도는 심한가?

✓ **06. 도시로서의 접근성**
□ 도심과 시간상 거리는 어떤가?

✓ **07. 혐오시설 여부**
□ 주변에 혐오시설이 있는가?

✓ **08. 형질변경 가능 여부 / 비용**
□ 토지를 개발할 수 있는가?
□ 비용이 얼마나 드는지 확인했는가?

✓ **09. 건축 가능 여부 / 비용**
□ 건물을 지을 수 있는 토지인가?

✓ **10. 공부서류 간 내용 일치 여부**
□ 공부서류들의 내용이 서로 일치하는가?

✓ **11. 매매가 / 대출가능금액**
□ 토지 가격은?
□ 대출 한도는?

✓ **12. 취득세 / 등기비용 / 중개수수료**
□ 취득세는 얼마인가?
□ 등기비용은 얼마인가?
□ 중개수수료는 얼마인가?
□ 그 외 추가비용이 있는가?

명함 & 전화번호부

임장노트

날짜 ┃   년   월   일   거래 ┃ ☐ 매매 ☐ 전세 ☐ 월세

관심지역	_____	실거래가	_____	관리비	_____
물건명	_____	매매가	_____	취득세	_____
준공년월	_____	전세가	_____	중개수수료	_____
평수	_____	보증금·월세	_____	양도세	_____

호가 _____

입주가능일® _____

방·욕실수 _____

현관구조 _____

최저·최고층 _____

주차대수 _____

배정학교 _____

방향 _____

지역 호재 및 악재

호재·장점

악재·단점

MEMO

구매하기 전 반드시 확인해야 할
토지 체크리스트

✓ **01. 취득목적**
□ 토지를 사는 이유를 확인했는가?

✓ **02. 지번 / 지목**
□ 해당 토지의 주소와 지목은?

✓ **03. 용도지역 : 지구 / 구역**
□ 해당 토지의 제한 사항들은?

✓ **04. 접하고 있는 도로 너비**
□ 도로와 접해있는가?
□ 도로의 폭은 얼마나 되는가?

✓ **05. 토지모양 경사도**
□ 토지 모양은 어떤가?
□ 토지의 경사도는 심한가?

✓ **06. 도시로서의 접근성**
□ 도심과 시간상 거리는 어떤가?

✓ **07. 혐오시설 여부**
□ 주변에 혐오시설이 있는가?

✓ **08. 형질변경 가능 여부 / 비용**
□ 토지를 개발할 수 있는가?
□ 비용이 얼마나 드는지 확인했는가?

✓ **09. 건축 가능 여부 / 비용**
□ 건물을 지을 수 있는 토지인가?

✓ **10. 공부서류 간 내용 일치 여부**
□ 공부서류들의 내용이 서로 일치하는가?

✓ **11. 매매가 / 대출가능금액**
□ 토지 가격은?
□ 대출 한도는?

✓ **12. 취득세 / 등기비용 / 중개수수료**
□ 취득세는 얼마인가?
□ 등기비용은 얼마인가?
□ 중개수수료는 얼마인가?
□ 그 외 추가비용이 있는가?

명함 & 전화번호부

상위 1% 투자자들의 시크릿 임장 노트

지은이	양종수
펴낸곳	선비북스
펴낸이	정민제
교정	문동진
디자인	김가을
주소	서울시 마포구 양화로 133 서교타워 1112호
전화	0507-1322-8598
이메일	sunbeebooks@naver.com
홈페이지	https://smartstore.naver.com/sunbeebooks
ISBN	979-11-91534-13-9

₩ 12,000원

03320

9 791191 534139

ISBN 979-11-91534-13-9